ASSOCIATION NATIONALE FRANÇAISE
POUR LA
PROTECTION LÉGALE DES TRAVAILLEURS

CINQUIÈME SÉRIE N° 2

LA
LOI DU 7 MARS 1850

ET LE

Mesurage du Travail à la tâche

RAPPORT DE M. BOISSARD

Professeur à la Faculté libre de Droit de Lille

COMPTE RENDU DE LA DISCUSSION

DOCUMENTS

PARIS

FÉLIX ALCAN, ÉDITEUR
LIBRAIRIES FÉLIX ALCAN & GUILLAUMIN réunies
BOULEVARD SAINT-GERMAIN, 108

Librairie de la Société du Recueil J.-B. Sirey
et du Journal du Palais
Anc⁰ Mⁿ L. Larose et Forcel
22, RUE SOUFFLOT, PARIS, Vᵉ
L. LAROSE & L. TENIN, Direct⁰ⁿ

1907

COMITÉ DIRECTEUR DE L'ASSOCIATION

Paul CAUWÈS, professeur à la Faculté de Droit de l'Université de Paris, président honoraire de l'Association.

A. MILLERAND, député, ancien ministre du Commerce, président.

Ed. BRIAT, secrétaire général du Syndicat des ouvriers en instruments de précision, membre du Conseil supérieur du travail et de la Commission supérieure du travail dans l'industrie, vice-président.

A. LIÉBAUT, ingénieur, membre du Comité consultatif des arts et manufactures et de la Commission supérieure du travail dans l'industrie, vice-président.

Raoul JAY, professeur à la Faculté de Droit de l'Université de Paris, membre du Conseil supérieur du travail, secrétaire général.

Léon de SEILHAC, publiciste, délégué permanent du service industriel et ouvrier du *Musée social*, trésorier.

Georges ALFASSA, ingénieur civil, E. C. P.

Louis BARTHOU, député.

Adéodat BOISSARD, professeur à la Faculté libre de Droit de Lille.

François FAGNOT, enquêteur à l'*Office du travail*.

Arthur FONTAINE, directeur du Travail au Ministère du Travail et de la Prévoyance sociale.

Arthur GROUSSIER, député.

Auguste KEUFER, délégué permanent de la Fédération française du Livre.

Abbé LEMIRE, député.

André LICHTENBERGER, directeur-adjoint du *Musée social*.

Henri LORIN, ancien élève de l'Ecole Polytechnique, membre du Comité de perfectionnement du Collège libre des Sciences sociales.

Etienne MARTIN-SAINT-LÉON, bibliothécaire du *Musée social*.

Comte A. de MUN, député.

C. PERREAU, ancien député, professeur à la Faculté de Droit de Paris.

Eug. PETIT, docteur en Droit, ancien chef du cabinet du Ministre du Commerce.

Paul PIC, professeur à la Faculté de Droit de l'Université de Lyon.

Ivan STROHL, industriel.

Edouard VAILLANT, député.

Richard WADDINGTON, sénateur.

SIÈGE SOCIAL : 5, rue Las-Cases, PARIS

ASSOCIATION NATIONALE FRANÇAISE

POUR LA

PROTECTION LÉGALE DES TRAVAILLEURS

CINQUIÈME SÉRIE N° 2

LA
LOI DU 7 MARS 1850

ET LE

Mesurage du Travail à la tâche

RAPPORT DE M. BOISSARD

Professeur à la Faculté libre de Droit de Lille

COMPTE RENDU DE LA DISCUSSION
DOCUMENTS

PARIS

FÉLIX ALCAN, ÉDITEUR

LIBRAIRIES FÉLIX ALCAN & GUILLAUMIN réunies

BOULEVARD SAINT-GERMAIN, 108

Librairie de la Société du Recueil J.-B. Sirey
et du Journal du Palais

Anc^{ne} M^{on} L. Larose et Forcel
22, RUE SOUFFLOT, PARIS, V^e

L. LAROSE & L. TENIN, Direct^{rs}

1907

ASSOCIATION NATIONALE FRANÇAISE
POUR LA
PROTECTION LÉGALE DES TRAVAILLEURS

CINQUIÈME SÉRIE N° 2

LA
LOI DU 7 MARS 1850

ET LE

Mesurage du Travail à la tâche

RAPPORT DE M. BOISSARD

Professeur à la Faculté libre de Droit de Lille

COMPTE RENDU DE LA DISCUSSION

DOCUMENTS

PARIS

FÉLIX ALCAN, ÉDITEUR
LIBRAIRIES FÉLIX ALCAN & GUILLAUMIN réunies
BOULEVARD SAINT-GERMAIN, 108

Librairie de la Société du Recueil J.-B. Sirey
et du Journal du Palais
Anc^{ne} M^{on} L. Larose et Forcel
22, RUE SOUFFLOT, PARIS, V^e
L. LAROSE & L. TÉNIN, Direct^{rs}

1907

LA LOI DU 7 MARS 1850

ET LE

MESURAGE DU TRAVAIL A LA TACHE

Séance du Samedi 29 Juin 1907

Présidence de M. Raoul Jay

M. Boissard (1). — Mesdames, Messieurs, je vous demanderai, avant toute chose, de considérer l'exposé que je vais avoir l'honneur de vous faire ce soir comme un très modeste avant-propos, comme une simple introduction à des études plus approfondies que, pour ma part, je souhaiterais voir mettre à l'ordre du jour de notre section française de l'Association.

Et, pour me bien faire entendre, je vous indiquerai en deux mots les fluctuations qu'a subies ma conception du sujet d'études qui m'avait été proposé, sujet qui se présente ce soir devant vous avec une amplitude bien moindre et un intitulé tout autre que ceux qu'il devait avoir tout d'abord.

En effet, on m'avait demandé, en premier lieu, d'étudier à votre intention le mesurage du travail à la tâche, en général, et le contrôle de ce mesurage. Et j'avais accepté parce que le sujet me paraissait par-

---

(1) M. Boissard résume le rapport qui a été distribué avant la séance et qu'on trouvera aux annexes.

ticulièrement important et intéressant. Mais, en y regardant de plus près, il m'est apparu aussi comme beaucoup trop considérable, car, en somme, et à propos de cette question de mesurage du travail à la tâche, c'est le problème du travail à la tâche qui se pose dans son entier.

Le travail à la tâche, aux pièces — par opposition au travail au temps — peut être considéré, à certains égards et si l'on envisage le travailleur qui traite suivant ce système isolément, individuellement, — le travail à la tâche, dis-je, peut être considéré comme un mode de travail très équitable, si les conditions dans lesquelles ce travail doit être effectué ont été, au préalable, librement et clairement fixées, ainsi que les éléments de sa rémunération, et si, par la suite, cette rémunération est très exactement payée d'après les éléments fixés d'avance.

Mais, comme on le voit, la détermination des bases de la rémunération qui sont ici extrêmement variables et l'exact calcul, l'équitable mesurage de cette rémunération suivant le travail effectué posent, je le répète, le problème du travail à la tâche dans son entier et même, avec lui, beaucoup d'autres qui s'y rattachent intimement : problème de l'extension des attributions de l'inspection du travail, problème du travail à domicile, problème de la publicité des tarifs de façon, etc., etc. C'est là, vous le constatez, un sujet d'étude immense, presque illimité.

D'autre part, mes premières investigations m'avaient mis en présence d'un texte spécial, curieux et peu connu : la loi du 7 mars 1850, texte isolé dans notre législation, qui s'était donné pour but — il y a plus d'un demi-siècle — de faire intervenir des prescriptions légales précisément à propos de certaines conventions de travail à la tâche dans l'industrie du tissage et du bobinage à domicile.

Ce texte avait été remis à l'ordre du jour par des événements récents : grèves textiles, interpellations parlementaires, projet officiel de modification. Il était, dès lors, apparu comme complètement tombé en désuétude, comme très généralement ignoré et, en tout cas, inappliqué.

J'ai pensé alors qu'à propos de ce texte, des discussions qu'il soulevait, des projets de modification dont il est l'objet, il pourrait être intéressant de se rendre compte — non pas *in abstracto*, mais d'une manière concrète — de l'utilité d'une intervention légale en matière de mesurage du travail à la tâche, des difficultés aussi de cette intervention et enfin des leçons que nous pourrions, à l'heure actuelle, tirer en cette matière de l'expérience étrangère.

Voilà comment j'ai été amené à vous entretenir, ce soir, de la loi du 7 mars 1850, de son histoire, de son application (ou plutôt de sa non-application) et des modifications dont elle serait susceptible.

Mais, rassurez-vous : ne voulant pas donner à cet exposé oral un caractère trop technique, je compte — ce soir — très peu insister sur la loi du 7 mars 1850. Le rapport écrit que vous avez entre les mains contient à son égard, je crois, des détails suffisants.

Je voudrais seulement, en ce moment, rappeler d'abord les traits essentiels de cette loi et montrer comment elle n'est, actuellement, susceptible que d'une application très peu étendue.

Puis, élargissant le sujet de notre entretien, je me propose d'indiquer, en quelques mots, de quelle extension considérable cette loi pourrait être le point de départ ; et enfin, pour orienter la poursuite législative de cette extension, j'appellerai votre attention sur les résultats déjà acquis par les législations étrangères.

Je me demande si je ne pourrais pas dans une large mesure supprimer l'exposé de la loi de 1850, puisque vous avez un rapport écrit... Mais il me semble comprendre que vous préférez que je résume cet exposé.

Voyons donc, d'abord, ce qu'est au juste cette loi de 1850, dans quelle mesure elle est appliquée et applicable et les modifications qu'il y aurait lieu de lui faire subir.

Primitivement, cette loi devait être un texte réglementaire, à portée absolument spéciale, et presque locale, s'appliquant à l'industrie du coton telle qu'elle était pratiquée dans la région rouennaise, aux environs de 1850, et dans des conditions analogues à celles où une vieille loi de 1806 portant création d'un conseil de prud'hommes à Lyon était déjà venue antérieurement imposer certaines conditions de forme pour les règlements de comptes entre maîtres d'ateliers et négociants en soieries de la région lyonnaise. Ce texte était donc essentiellement spécial et local. En effet, on avait constaté des abus regrettables dans la région rouennaise où le tissage mécanique était en train de supplanter le tissage manuel dans l'industrie cotonnière. Des patrons, de petits patrons, se voyaient sur le point d'être ruinés par cette concurrence, et, en présence de cette ruine, ils avaient exploité exagérément les ouvriers fileurs qui travaillaient pour eux en leur faisant faire un travail plus considérable, plus délicat, plus difficile que celui qui avait été convenu pour un prix déterminé, et ce, sans les prévenir. On avait voulu mettre un terme à cette exploitation qui avait pris des proportions considérables. Par conséquent, la loi ne devait concerner que l'industrie cotonnière. Mais, lorsque le gouvernement déposa son projet, des réclamations se produisirent de différents côtés et d'autres et très nombreux abus furent signalés. C'est ainsi qu'à Saint-Etienne, dans l'industrie des mouchoirs, le tisserand devait en fournir treize pour une douzaine. On sut aussi que la même évolution qui bouleversait l'industrie cotonnière se produisait dans toute l'industrie textile, non seulement du coton, mais aussi du lin, de la soie et de la laine.

On crut donc à la nécessité de faire une loi générale sur le tissage à domicile, de façon à empêcher qu'on ne fît travailler des ouvriers dans l'ignorance absolue des conditions de leur travail.

En somme, lorsque la loi sortit des délibérations de l'assemblée, elle tendait à un triple but : d'abord permettre la constatation précise des quantités de matières délivrées à l'ouvrier, matières dont celui-ci devient comptable, responsable, et afin d'éviter des difficultés de ce côté. En second lieu, la loi tendait à permettre aux ouvriers, grâce à des mentions diverses inscrites sur un livret spécial, de se rendre un compte exact des conditions du travail qu'ils avaient à effectuer. Ces mentions devaient, en outre, faire ressortir nettement les éléments qui avaient une influence prépondérante sur le travail ou sur le salaire.

Enfin, la loi rendait obligatoire le payement d'après une unité légale, que ce fût le kilog ou le mètre, peu importait ; mais il fallait une unité précise, de façon

à ce que le salaire fût proportionné au travail réellement exécuté, tout en laissant, d'ailleurs, une grande
liberté aux parties dans leurs discussions relativement au salaire.

Au résumé, tout se ramenait à deux prescriptions
catégoriques : obligation de la remise d'un livret de
salaire à l'ouvrier, en même temps que lui étaient
livrées les matières destinées à être travaillées par lui
à la tâche ; interdiction de régler ce travail fait à la
tâche *à la pièce*, et autrement que d'après une unité
légale, et en proportion du travail réellement effectué.

Comment cette loi de 1850 est-elle revenue sur
l'eau ? Comment et à propos de quoi s'est-on de nouveau préoccupé de la situation des tisseurs à domicile ?

C'est il y a trois ans que le Parlement fut saisi de
cette question. Il s'était produit à cette époque exactement pour l'industrie linière ce qui était advenu,
en 1850, pour l'industrie cotonnière : à cette époque,
après avoir complètement fait disparaître l'industrie
du tissage du coton à domicile, l'industrie mécanique
tendait également à faire disparaître le tissage à la
main, dans l'industrie linière. En 1873, les statistiques
officielles signalaient en France l'existence de moins
de 17,000 métiers mécaniques et de 60,000 métiers à
bras. En 1900, c'est-à-dire moins de 30 ans après, les
évaluations portaient à 22,000 le nombre des métiers
mécaniques battant et à 20,000 celui des métiers à
bras. Et alors, par une conséquence fatale de la lutte
pour la vie, des abus analogues à ceux qui s'étaient
produits en 1850 dans l'industrie cotonnière avaient
été commis à nouveau. On fit des enquêtes et ces enquêtes amenèrent à constater que cette loi de 1850

était — en fait — tombée en désuétude, n'était l'objet d'aucune application.

D'où venait cette non-application d'une loi non abrogée ? A quoi cela tenait-il ?

A toute une série de causes.

D'abord, à ce que la loi de 1850 n'avait su être ni une loi générale, ni une loi spéciale. Lorsque le législateur de 1850 avait renoncé à son point de vue primitif qui consistait à faire un texte très spécialisé, s'appliquant exclusivement à l'industrie cotonnière pour une région donnée, il n'avait pas su se borner à émettre un principe général, et il était entré dans un certain nombre de détails de réglementation. Qu'en était-il résulté ?

Il en était résulté que les branches industrielles qui se trouvaient avoir des représentants au Parlement avaient pu faire introduire dans le texte de la loi de 1850 certaines modifications qui la rendaient adaptable à leurs spécialités, alors que d'autres spécialités n'avaient pas été admises à apporter leurs revendications. Le défaut initial de ce texte alla, d'ailleurs, s'accentuant très rapidement, par suite des modifications techniques considérables apportées par les fabricants de tissus dans cette fabrication, du fait des combinaisons nouvelles des articles, des exigences changeantes de la clientèle et de la mode. De telle sorte que certaines mentions énumérées par la loi comme devant figurer sur les livrets de salaire ne correspondaient plus à aucune réalité pratique, alors qu'au contraire diverses mentions qui auraient dû y être portées n'y figuraient pas. Si vous vous reportez aux annexes de mon rapport écrit, vous verrez que, à l'heure actuelle encore, ces défectuosités de la loi de 1850 font l'objet des réclamations, aussi bien des organisations patronales que des organisations ouvrières. Mais, en somme, malgré ces imperfections, la loi, dans ses prescriptions essentielles, subsistait et aurait pu être observée : notamment pour ce qui concerne la délivrance de livrets et l'interdiction du payement à la pièce. Or ces dispositions essentielles étaient aussi méconnues que les dispositions de détail.

D'où cela venait-il ?

De ce que la loi était sans sanction ?

Non. La loi portait avec elle ses sanctions : une amende de 11 à 16 francs pour toute infraction à la loi peut être prononcée et il peut y avoir autant d'amendes que de contraventions distinctes, sans préjudice, en cas de récidive, dans les douze mois, d'une insertion dans un journal de la localité.

On ne peut donc pas dire que la loi était sans sanction.

Seulement la loi de 1850 avait confié la constatation et la poursuite des contraventions à son texte — et cela se comprend, puisque l'inspection du travail n'existait pas alors — aux parquets et à leurs auxiliaires ordinaires. Comme les parquets étaient peu soucieux de s'encombrer de quantité d'affaires pour lesquelles ils n'étaient aucunement préparés, ils avaient négligé totalement d'appliquer la loi de 1850.

C'est en vue de parer à ce gros inconvénient et à l'absence de sanction pratique à l'inobservation de la loi de 1850 que le gouvernement a déposé — le 6 décembre 1904 — un projet chargeant les inspecteurs du travail de la constatation des contraventions à cette loi.

Certes, la promulgation de ce projet (voté par la Chambre en 1905 et aujourd'hui sommeillant dans les cartons du Sénat) serait désirable et de nature à procurer une application plus stricte de la loi.

Cependant, je crois que ce serait se faire illusion que de compter que le seul fait d'avoir conféré cette prérogative aux inspecteurs du travail changerait la situation. En effet, les inspecteurs ne pourraient pas être constamment sur les lieux : ils sont déjà surchargés de besogne. Ils ne pourraient pas répondre à toutes les convocations ; et même, s'ils le pouvaient, il est probable que ces convocations ne seraient pas nombreuses, car il est vraisemblable que les inspecteurs ne seraient pas mis souvent sur la voie des fraudes à la loi, surtout quand elles seraient le plus dommageables, c'est-à-dire quand elles seraient très multipliées par suite de crise industrielle, car les ouvriers lésés n'oseraient pas se plaindre de crainte de ne plus avoir de travail.

Je crois qu'on ne pourra rien faire de bien efficace pour la protection de l'ouvrier dans l'industrie du tissage à domicile tant que l'on n'aura pas introduit un système de vérification publique et obligatoire des éléments — pesées ou mesures — servant à la détermination du prix de façon. L'exactitude de cette affirmation ressort de ce qui se passe aujourd'hui dans deux régions, en somme peu distantes. Dans la région de Cambrai-Valenciennes, le tissage à la main résiste et lutte avec succès, momentanément peut-être, mais très réellement, par la fabrication de produits extrêmement fins (linons et batistes) auxquels la mode, vous le savez, Mesdames, donne, à l'heure actuelle, un regain très grand de valeur et de faveur. Dans ces conditions, les ouvriers tisseurs de cette région, qui étaient très peu payés jusqu'à présent et qui avaient eu à subir des fraudes et des atteintes à leurs droits, profitant de cette situation favorable, se sont syndiqués et sont arrivés à obtenir la mise sur pied d'un tarif unique et détaillé applicable à toute la région ; la signature d'un contrat collectif obligeant tous les travailleurs et tous les employeurs ; et enfin la nomination d'une commission mixte permanente ayant pour but de surveiller l'exécution de ce contrat de travail. Cette commission mixte a notamment organisé la vérification obligatoire et syndicale des chaînes ourdies qui sont livrées à l'ouvrier.

Depuis ce régime nouveau, la loi de 1850 est appliquée aussi exactement que possible. La vérification s'opérant pour toutes les chaînes qui sont mises entre les mains des ouvriers, il n'y a plus aucune espèce de contestation entre fabricants et ouvriers et les relations sont devenues bien meilleures.

Au contraire, dans la région de Bailleul, où le tissage à la main se maintient par la fabrication de produits extrêmement grossiers, très communs, très bon marché, cette industrie ne se défend, en somme, que très péniblement. Les ouvriers, en présence de cette situation fâcheuse, et — d'ailleurs — beaucoup moins fortement groupés que ceux du Cambrésis, bien qu'ils se soient mis deux fois de suite en grève, malgré qu'ils aient obtenu un contrat collectif, malgré que la ville de Bailleul ait construit, sur leur demande et sur celle des fabricants, un bâtiment spécial pourvu de toute l'installation nécessaire pour le métrage des pièces tissées ou des chaînes ourdies, n'ont abouti à aucun résultat pratique. Il n'est fait, aujourd'hui, aucun usage du métrage municipal : le bâtiment et les instruments existent, mais ils ne sont utilisés absolument par personne, au grand regret du maire qui voulait bien me les faire visiter dernièrement.

Pourquoi cela ? Parce que le mesurage est facultatif et que les ouvriers n'osent pas le demander, craignant, s'ils le demandent, d'être mal vus des fabricants. Ce qu'il y a de triste, c'est que, n'osant pas demander ce mesurage, les meilleurs ouvriers sont persuadés qu'ils sont de nouveau victimes de fraudes. Et cependant, j'ai eu l'occasion, pour ma part, de vérifier devant eux des chaînes ourdies qui avaient exactement la dimension convenue. Il n'en est pas moins vrai que d'excellents ouvriers m'ont dit : « On est revenu au régime de la fraude comme avant la grève ». Si le métrage s'opérait comme à Cambrai, les quelques fraudes qui peuvent se produire seraient rendues impossibles et, dans tous les cas, cette suspicion déplorable ne pèserait plus sur les patrons. Aussi un des plus considérables fabricants du lieu me disait-il que, pour sa part, il considérait que le mesurage, utile pour l'ouvrier, le serait plus encore pour le fabricant, attendu que cela supprimerait la concurrence déloyale de quelques fabricants et que cela ferait disparaître toutes causes de suspicion contre les patrons.

En ce qui concerne la loi de 1850, il me semble donc, et pour conclure, qu'il y aurait lieu, d'abord, d'apporter de nombreuses modifications au texte de cette loi qui était déjà incomplète et insuffisante au début et qui, aujourd'hui, l'est encore davantage. Il y a un certain nombre de ces modifications qui sont évidemment de nature à n'entraîner aucune discussion. C'est, en premier lieu, celle consistant à soumettre au contrôle des vérificateurs des poids et mesures tous les poids servant aux pesées ou mesures desquelles dépend la fixation du salaire de l'ouvrier. A l'heure actuelle, la loi concernant la vérification des poids et mesures du commerce n'est pas applicable à l'industrie. On ne voit pas la raison qui empêcherait cette extension.

Une autre disposition utile serait celle qui obligerait la pagination des livrets, de façon à empêcher toute altération intéressée desdits livrets. Ces altérations se sont malheureusement produites quelquefois.

Enfin il y aurait des modifications à apporter au texte des articles 1er et 2 de la loi, surtout de l'article 1er (car l'article 2 n'a plus de raison d'être, puisque le bobinage à domicile ne se pratique plus).

Pour ces modifications aux mentions de l'article 1er, il y aurait, peut-être, plus de difficultés ; et, alors, on ne voit pas pourquoi le gouvernement n'userait pas de la latitude que lui donne l'article 7 pour modifier, par règlement d'administration publique, certaines dispositions de la loi, celles, entre autres, concernant la détermination du prix de façon, sous réserve de l'approbation du Parlement, approbation qui ne serait certes pas refusée si une expérience de trois années était venu prouver le bien fondé de l'initiative de l'exécutif.

Il y aurait à souhaiter, en second lieu, le vote prochain, par le Sénat, du projet déjà adopté par la Chambre et chargeant les inspecteurs du travail de l'application de la loi de 1850.

Enfin, je crois — pour ma part — que, pour protéger efficacement l'ouvrier contre les fraudes et garantir le fabricant contre les suspicions souvent injustifiées et toujours dommageables, il serait opportun de rendre obligatoire le contrôle public de toutes les mesures ou pesées servant d'élément de détermination du prix de façon, dans le tissage à domicile.

Voilà pour la loi de 1850.

[*]

Mais il est certain que proposer des modifications à la loi du 7 mars 1850 c'est, en somme, proposer des remèdes pour adoucir les derniers spasmes d'un mourant. L'industrie du tissage à domicile paraît condamnée. Il est possible que, dans le Cambrésis, le tissage à domicile puisse bénéficier d'un regain de faveur et de valeur, mais il n'en est pas moins vrai que le tissage mécanique fait partout et tous les jours des progrès et, quand on a visité un centre comme Bailleul, on demeure persuadé qu'on est en présence d'une industrie qui se meurt. Or, les abus constatés pour le travail à la tâche ne sont pas limités au tissage à domicile. La question du mesurage du travail à la tâche se pose non seulement dans les centres de production arriérés, mais aussi dans les grandes industries mécaniques ; elle se pose dans la confection, dans la mode ; dans de nombreuses branches de l'industrie métallurgique, dans l'industrie minière, etc. Vous voyez, par conséquent, combien sa portée est étendue.

Pour nous limiter à l'industrie textile, si on étudie attentivement et si on analyse les gros volumes reproduisant les procès-verbaux de l'enquête parlementaire sur l'état de l'industrie textile, et si on porte son attention sur les réponses faites aux questions relatives au *règlement des salaires*, on constate — d'une façon générale — que les réponses collectives ou individuelles des employeurs sont à peu près partout très optimistes sur ce point spécial. D'après eux, le règlement des salaires à la tâche comme aussi le contrôle de ce règlement ne seraient presque jamais l'occasion de difficultés, les ouvriers ne mettant pas en doute la probité des employeurs.

D'autre part, si on considère les réponses des ouvriers, on voit que presque toutes portent l'empreinte de suspicions profondes et affirment qu'il se produit des abus. Enfin les conseils de prud'hommes constatent tous que des litiges relatifs au règlement des salaires leur sont très rarement soumis ; mais les prud'hommes ouvriers ajoutent immédiatement que cela tient à la crainte qu'ont les ouvriers lésés de ne plus trouver d'ouvrage s'ils osaient réclamer.

J'ai voulu contrôler, par une enquête personnelle, les résultats de l'enquête parlementaire. Je me suis adressé à toute une série de patrons et de syndicats patronaux, à des ouvriers aussi et à des organisations ouvrières, et enfin à des personnes désintéressées, mais compétentes et bien placées pour donner des renseignements sûrs. Les résultats de mon enquête corroborent absolument ceux de l'enquête parlementaire. Les patrons affirment presque tous qu'il n'y a pas de difficultés en cette matière. Les ouvriers disent aussi qu'il n'y a pas de difficultés, mais parce qu'ils n'osent réclamer. Et les personnes désintéressées déclarent qu'il y a dans l'esprit des ouvriers un état de suspicion très général.

J'attire votre attention sur l'annexe n° 9 de mon rapport écrit, où vous trouverez des extraits de procès-verbaux d'un groupement important d'industriels des grands centres textiles de la région du Nord : Lille, Roubaix, Armentières, Fourmies, Tourcoing. Vous verrez, par ces extraits, que dans les milieux industriels éclairés, si l'opinion n'est pas absolument unanime en ce qui concerne cette question du contrôle du travail à la tâche, du moins on considère qu'il y a quelque chose à faire dans le sens de ce contrôle.

La délibération dont j'ai transcrit des extraits portait sur l'adoption d'un règlement d'atelier type pour les industries textiles. Elle aboutit à l'inscription dans ce règlement-type du principe de l'assistance obligatoire des ouvriers au mesurage de leur travail.

***

Qu'ont fait, à ce point de vue, les pays étrangers, et quelle leçon pouvons-nous tirer des législations des grandes nations industrielles ?

Trois grandes nations européennes : l'Angleterre, la Belgique et l'Allemagne, possèdent des prescriptions législatives sur cette matière.

Deux méthodes peuvent, d'ailleurs, être suivies à cet égard : l'une consistant à poser des principes généraux dont l'application est faite un peu au petit bonheur ; l'autre consistant à entrer dans beaucoup de détails pour adapter les prescriptions légales aux spécialités.

La législation belge s'est inspirée de la méthode consistant à poser des principes généraux.

C'est ainsi que, le 15 juin 1896, le Parlement belge a voté une loi complétant la loi du 16 août 1887 au moyen d'un article 10 *bis* ainsi conçu :

« Nonobstant toute contravention contraire, l'ou-
« vrier a toujours le droit de contrôler les mesurages,
« pesées ou toutes autres opérations, etc. »

Vous voyez que cet article 10 *bis* reconnaît aux ouvriers le droit de contrôler le travail et même sanctionne très sévèrement ce droit. Mais cet article n'indique pas comment les ouvriers pourront faire respecter leur droit. Aussi, le 15 juin 1896, la loi belge sur les règlements d'atelier est-elle venue indiquer que dans les règlements d'atelier devaient se trouver des indications précises concernant la manière dont le salaire est établi et, quand l'ouvrier travaille à la tâche, le mode de mesurage et de contrôle. La loi belge du 30 juillet 1901 est venue ensuite réglementer plus minutieusement le mesurage du travail des ouvriers.

L'article 1er de cette loi indique d'abord que, pour mesurer le travail des ouvriers, pour déterminer le salaire, on ne peut faire usage que de mesures métriques.

L'article 2 indique que les instruments servant à déterminer ces mesures doivent être poinçonnés.

L'article 3 autorise le gouvernement à interdire, pour déterminer le salaire des ouvriers dans une industrie déterminée, les unités de compte qui ne seraient point basées sur le système métrique.

L'article 6 charge l'inspection du travail de veiller à l'exécution de la loi, etc.

Depuis cette loi, une série d'arrêtés royaux sont venus la compléter et exiger, par exemple, l'emploi de compteurs automatiques dans l'industrie du tissage quand le salaire de l'ouvrier dépend d'un nombre déterminé de duites ; interdire, aussi, l'emploi d'une longueur de chaîne ourdie comme unité de compte servant à déterminer le salaire des ouvriers, ou encore l'emploi de la pièce tissée ou de l'écheveau comme unités de comptes.

Cette loi et les arrêtés qui la précisent sont-ils appliqués ? On ne peut pas s'en rendre compte à la lecture des rapports des inspecteurs du travail belges qui n'y font presque aucune allusion. Pour mon compte personnel et d'après ce que j'ai entendu dire, je pense que cette loi n'est guère plus appliquée que beaucoup d'autres lois belges. Nous avons entendu, à Genève, un des représentants de la Belgique dire qu'il y avait beaucoup de lois industrielles en Belgique, mais qu'il y en avait peu d'appliquées. Par conséquent, je ne garantis pas que l'application de celle-ci soit très stricte.

De cette loi belge et de la méthode qu'elle consacre s'inspirent les textes aujourd'hui pendants devant notre Parlement. En effet, nous avons, actuellement déposé, un projet de loi sur le contrat de travail (qui, d'ailleurs, vient d'être profondément modifié par la Commission chargée de l'examiner et qui dans son texte définitif ne comprendra probablement plus les articles auxquels nous allons faire allusion).

Ce projet, dans son texte primitif, contenait des articles 23 et 33 qui étaient la reproduction à peu près textuelle des dispositions de la loi belge.

Comme vous le voyez, c'est la méthode consistant à émettre des principes généraux qui serait adoptée chez nous.

La législation anglaise s'inspire d'une méthode absolument opposée.

La loi des fabriques de 1891 avait ordonné d'une manière générale et trop vague que, dans les industries textiles, les employeurs eussent à mettre les travailleurs à même de se bien rendre compte des conditions de leur travail. Cette prescription, trop générale, n'ayant obtenu aucun résultat, la loi des fabriques de 1895 inaugura les fameuses dispositions légales relatives aux conditions du travail à façon et à la publicité des tarifs de façon.

La loi posait en principe que, pour les industries textiles, les tarifs de façon devraient être indiqués très clairement par écrit et remis à l'ouvrier en même temps que son travail, et que les mêmes tarifs devraient être rendus publics par affichage dans les ateliers.

La loi entrait à cet égard dans beaucoup de détails.

En même temps, on organisait un corps spécial d'inspection du travail chargé uniquement de la mise en application de ces dispositions nouvelles.

De plus, la loi de 1895 autorisait le Home-Secretary à étendre par ordonnances ministérielles le nouveau régime à d'autres industries que celles primitivement visées par elle.

Actuellement, la loi des fabriques de 1901 contient toute une partie VII consacrée à la détermination du travail et des salaires.

Un grand nombre d'ordonnances ministérielles sont venues étendre les dispositions de la loi à une quantité d'industries : textiles, confection, métallurgie.

Le nombre des fabriques et ateliers, y compris les ateliers domestiques soumis à l'inspection, est devenu considérable.

Cette inspection, qui comprend maintenant tout un personnel spécial d'inspecteurs et d'inspectrices, fonctionne avec une grande activité.

Les résultats déjà obtenus sont très importants. Beaucoup et de très graves abus ont été supprimés. L'inspecteur en chef qui, chaque année, fait un rapport particulier sur cette matière constate que, si la publication des tarifs de façon n'a peut-être pas eu pour résultat de faire beaucoup hausser l'ensemble des salaires, elle a au moins abouti à une très générale unification des tarifs, comme aussi à la suppression des fraudes. Il y a certainement là un très grand progrès réalisé.

Voilà, résumées très sommairement, les indications qui nous sont données par les principales législations étrangères. Je n'insiste pas sur la législation allemande, qui en est à ses débuts et qui n'a encore donné que des résultats à peu près insignifiants.

Quelle est, Mesdames et Messieurs, la conclusion finale que je vous proposerai ? Elle sera très modeste. Je crois que la question du mesurage du travail à la tâche dont je viens de donner un aperçu très sommaire est une question qui intéresse un très grand nombre d'ouvriers ; cette question me paraît mériter à tous égards d'être étudiée dans son ensemble, comme dans ses détails. Je voulais aujourd'hui vous fournir simplement les données essentielles du problème. J'aurai certainement atteint mon but, si vous estimez, avec moi, que ce problème est digne d'être inscrit à l'ordre du jour de notre Association, pour une étude plus approfondie et pour des délibérations auxquelles on donnerait toute l'ampleur nécessaire. (*Vifs applaudissements.*)

M. LE PRÉSIDENT. — Ce m'est une tâche facile et agréable que de remercier M. Boissard. Il vient de nous présenter une étude à la fois si documentée et si vivante ! Si ceux qui ont été un peu effrayés et éloignés par la formule austère de notre ordre du jour avaient pu savoir avec quel talent ce sujet d'apparence rébarbative serait traité, nous aurions été beaucoup plus nombreux à écouter M. Boissard. Comment établir entre patrons et ouvriers, en ce qui concerne la détermination du salaire, des rapports plus réguliers et, par suite, plus confiants, tel est le problème qu'il a posé. Je n'ai pas besoin de souligner son importance.

M. FLEURY. — J'aurais été désireux, avant de prendre la parole, de revoir la question au point de vue technique. Je ne puis me borner qu'à des généralités. J'ai eu à étudier la loi de 1850 à plusieurs reprises et j'ai dû remonter à la source, c'est-à-dire aux travaux parlementaires, pour en apprécier la portée véritable. Il en est résulté pour moi cette conviction qui correspond à la vôtre, Monsieur le Rapporteur, que la loi de 1850 répondait à certaines conditions tout à fait particulières à l'industrie textile, au milieu du XIXe siècle. A cette époque, le grand atelier était rare. Le fabricant confiait du travail à des tisseurs à domicile répartis sur un rayon très étendu ; c'est ainsi que, dans les travaux préparatoires, le rapporteur de la loi auprès de l'Assemblée nationale faisait ressortir que, entre le fabricant et l'ouvrier, il y avait toute une série d'intermédiaires, allant de village en village, apportant la matière première à l'ouvrier, remportant le produit manufacturé au fabricant. Il était nécessaire, pour éviter des fraudes, de contrôler, d'une part, la quantité de matière première fournie par le fabricant, de l'autre, la quotité des produits rendus par l'ouvrier.

Je crois que la plupart des dispositions de la loi de 1850 sont, *de plano*, inapplicables aux conditions actuelles de l'industrie.

M. LE RAPPORTEUR. — Même dans le tissage à la main ?

M. FLEURY. — Non, je parle en ce moment du tissage mécanique.

M. LE RAPPORTEUR. — Je me suis entretenu justement de ce point avec l'inspecteur divisionnaire du travail de Lille. Il m'a déclaré qu'à son avis, cette loi n'est pas applicable en dehors du tissage à domicile. C'est aussi mon sentiment.

M. FLEURY. — A ce propos, je rappellerai un jugement fort intéressant et très sérieusement motivé rendu par le tribunal de simple police de Fraize (Vosges), le 27 juin 1906, à la suite de poursuites intentées par le parquet contre le chef d'un établissement de tissage mécanique. Cette décision, que je vous enverrai, si vous le permettez, Monsieur le Rapporteur, déclare, en des considérants très solides, que la loi n'est pas applicable au tissage mécanique. Mais, en ce qui touche le tissage à la main, il est évident que les prescriptions de la loi de 1850 restent en vigueur et se rapprochent davantage des conditions de ce travail. Elles gagneraient cependant à être simplifiées.

M. LE RAPPORTEUR. — La loi a été faite pour le tissage à la main.

M. FLEURY. — D'ailleurs, lorsque la loi est intervenue, le tissage et le bobinage étaient des industries presque exclusivement manuelles. On voit encore parfois de ces petites maisons de tisserands dans la Seine-Inférieure qui, avec l'Eure et la Somme, était, en 1850, le centre principal de ces industries.

M. LE RAPPORTEUR. — Et aussi dans le Nord.

M. FLEURY. — On trouve encore le tissage à la main dans d'autres régions de la France : dans le Centre, dans le Cambrésis et le Saint-Quentinois.

Vous avez parlé également, Monsieur le Rapporteur, de l'affichage des tarifs. Je ne crois pas m'avancer beaucoup en disant que la grande majorité des établissements de tissage mécanique affichent, de la façon la plus ostensible, les tarifs de façon.

M. LE RAPPORTEUR. — Je le crois, en effet ; seulement la loi anglaise rendant cet affichage obligatoire en même temps que sa sincérité, les inspecteurs du travail ont le droit de vérifier si le travail se fait conformément aux conditions indiquées.

En France, on constate parfois des différences radicales entre le travail qui se trouve aux mains des ouvriers et celui qui est prévu dans les affiches. Je crois qu'à ce point de vue il y aurait utilité à rendre l'affichage obligatoire.

M. JAY. — C'est un peu la question des horaires.

M. FLEURY. — Je me permets de remercier M. le Rapporteur pour son exposé très clair et très intéressant. Les dispositions de la loi anglaise, qu'il a bien voulu citer et étudier avec la plus grande précision, n'ont pas, je crois, été publiées dans l'annuaire belge des lois du travail.

M. LE RAPPORTEUR. — Je m'excuse de ne pas avoir joint au rapport écrit une annexe qui figurera à la suite des dispositions de la loi belge et qui n'a pas été insérée parce que je voulais accompagner le texte de la loi anglaise d'une petite notice explicative. Cela n'a pu être prêt à temps. L'application de la loi anglaise par l'inspection du travail, faite progressivement, avec beaucoup de ménagements et de tact, a été, en somme, assez facile.

M. LE PRÉSIDENT. — Il a été pourvu à cette application par une inspection spéciale.

M. LE RAPPORTEUR. — Oui, mais ce sont des inspecteurs du travail tout de même, et celui qui a été mis à la tête de cette inspection était un ancien fonctionnaire des syndicats ouvriers, M. Birtwistle, un trade-unioniste fervent. Dans son rapport de 1906, sur l'exercice 1905, il signalait que plusieurs des procès-verbaux avaient été dressés pour indication inexacte du numéro du fil, c'est-à-dire pour des fraudes importantes, produisant à la longue un dommage considérable pour les ouvriers. Au cours de ma petite enquête, j'ai interrogé des groupements ouvriers de toutes nuances, ainsi que des ouvriers à titre individuel, les uns connus pour leur disposition à réclamer, les autres, au contraire, connus pour leur esprit calme et rassis. Dans la plupart des cas, en ce qui concerne les filatures, on donne cette indication que l'énoncé du numéro du fil n'est pas toujours exact, que le numéro que l'on indique est moins fin que le numéro réellement filé. Ceci vient corroborer les constatations de l'inspection anglaise.

Je crois qu'à ce point de vue, une certaine vérification devrait être faite. De même, on devrait rendre obligatoire la vérification des poids et mesures. En effet, une réclamation que l'on retrouve souvent, c'est que les chariots qui servent à peser les fils sont utilisés en très mauvais état ; on les tare pour un poids supérieur à celui qu'ils ont.

M. JAY. — On retrouve, je crois, cette réclamation dans l'enquête sur l'industrie textile.

M. LE RAPPORTEUR. — Elle est très fréquente. Dans le cours de mon enquête, j'ai interrogé tous les syndicats : syndicats rouges, syndicats jaunes, syndicats ni rouges ni jaunes, et dans les réponses de tous il y avait cette indication : on ne répare pas assez souvent certains instruments qui servent pour les pesées. Il y a là un préjudice causé aux ouvriers ; on tare trop fortement.

Je crois que, dans l'intérêt des patrons, comme dans celui des ouvriers, la vérification serait utile. J'estime que les patrons se trompent quand ils croient que l'absence de réclamations contre les fraudes de la part des ouvriers est la preuve que les ouvriers n'ont pas de soupçons. Il me paraît donc que la présence des ouvriers aux opérations de vérification est nécessaire. D'ailleurs vous pourrez remarquer que l'opposition la plus vive à cette mention au règlement d'atelier qui avait pour but de rendre les ouvriers obligatoirement présents au pesage avait été faite, — dans la réunion de patrons dont j'ai déjà parlé, — par les patrons d'Armentières qui disaient : « Nos ouvriers ont complète confiance dans notre manière de faire ». Or, c'était en 1899 que l'on faisait cette réponse, et vous savez dans quelle mesure les événements devaient donner raison à ce bel optimisme.

M. FLEURY. — Je ne peux pas vous donner beaucoup de renseignements ; j'aurais été obligé de recueillir l'avis de personnes plus compétentes que moi. Mais, puisque l'Association met cette question à son ordre du jour, ou, plutôt, puisqu'elle la renvoie à une discussion postérieure, je me renseignerai plus complètement et je solliciterai l'opinion des spécialistes afin de vous donner des explications plus complètes au point de vue technique.

Il existe, en effet, dans les établissements, au point de vue du mesurage, beaucoup de méthodes différentes. Tel système qui peut donner de bons résultats pour le mesurage de certains tissus ne peut être appliqué dans des établissements se livrant à la fabrication d'articles différents.

M. LE RAPPORTEUR. — Il y a quantité d'appareils automatiques pour lesquels cependant il y a des réclamations des ouvriers. Ainsi, dans la réponse de syndicats ouvriers très sérieux, j'ai trouvé cette indication que, lorsque l'on met un drap autour du cylindre d'un ourdissoir qui a des dimensions données, sous prétexte d'amortir les frottements, l'épaisseur de ce drap peut avoir une certaine importance par rapport à la détermination de la longueur de la chaîne.

M. FLEURY. — Je crois qu'il y a certains inconvénients inévitables qui tiennent à la fabrication même.

M. LE RAPPORTEUR. — De même, lorsqu'on change le diamètre de certains appareils par l'interposition de plus ou moins de dents dans les engrenages, les ouvriers prétendent qu'ils ne sont pas renseignés suffisamment sur ces modifications. En Angleterre, c'est prévu dans la loi : on doit indiquer d'une manière très claire le nombre de dents qu'on utilise et l'attention des ouvriers est attirée sur ce point.

M. FLEURY. — C'est une réglementation bien difficile.

M. LE RAPPORTEUR. — Pour le mesurage des tissus, la question est aussi très délicate. Ainsi, lorsqu'un tissu est terminé depuis un peu de temps, il se produit un resserrement de la pièce de tissu. Évidemment, il y a là une série d'observations techniques pour l'appréciation desquelles nous ne sommes pas compétents.

M. FLEURY. — Naturellement, il y a une série d'objections qui proviennent de causes industrielles et, à ce point de vue, la question est extrêmement complexe.

M. LE RAPPORTEUR. — Enormément et, dans certains cas, les réclamations patronales sont tout à fait fondées. Je rappellerai ici qu'à Bailleul les fabricants pratiquent un mode de paiement qui est illégal, mais toléré par l'administration : ils payent leurs ouvriers à la longueur de la chaîne ourdie. C'est contraire à la loi de 1850 ; mais, dans le travail spécial qui est fait à Bailleul, il est à peu près impossible de faire autrement, parce que, si on payait l'ouvrier à la longueur de la pièce tissée, l'ouvrier pourrait allonger la pièce, tout en faisant une économie sur la matière employée. Les ouvriers ont dit aux patrons : « Vous avez raison ; en duitant un peu moins qu'il n'est convenu, nous pourrions gagner facilement sur une pièce trois ou quatre mètres, tout en économisant deux ou trois écheveaux. » On arriverait ainsi à allouer une prime à la fraude.

M. MORIDE. — J'ai eu l'occasion de visiter des tissages et j'ai vu comment on mesurait. l'ouvrier apporte son travail sur la machine ; il se met d'un côté, le contremaître se met de l'autre. Le contremaître examine s'il y a des défauts au travail. Au point de vue du mesurage de la longueur, les deux parties sont là, et alors il n'y a plus qu'à savoir si l'instrument est bon, et encore faudrait-il que l'on fixât un délai maximum pour la vérification, parce que j'ai observé, et il résulte des observations faites par beaucoup de syndicats, que, si on retarde trop la vérification, les pièces se rétrécissent. En dehors de cela, je crois qu'il y a beaucoup d'hypothèses où cette vérification se fait loyalement. Cependant il y en a d'autres où elle ne se fait pas. J'ai entendu des industriels dire : « Chez nous, il n'y a pas de difficulté, mais nous subissons tout de même la conséquence de la mauvaise foi de quelques concurrents. »

Je crois que beaucoup d'industriels sont partisans de la vérification. Ils n'auraient rien à y perdre et ce serait à l'avantage de tout le monde.

M. JAY. — M. Boissard a formulé des conclusions sur lesquelles nous sommes tous d'accord. Il est toutefois un point sur lequel il me paraît encore utile d'appeler votre attention. Vous ne vous doutez peut-être pas de la situation qui résulte de notre Droit pénal. Actuellement, le commerçant qui vend à faux poids commet un délit prévu par l'article 423 du Code pénal et par la loi de 1851.

Ces textes ne s'appliquent pas au mesurage du travail. Sans doute les patrons capables de pareils actes sont infiniment rares. Cependant, au point de vue moral, l'extension de ces textes au mesurage du travail ne serait pas sans intérêt.

M. LE RAPPORTEUR. — Il est certain que cela ferait tomber bien des fantômes de suspicion. Ainsi en est-il de la fameuse table de 1^m 3. Parce qu'il a été trouvé, dans une usine, une table qui avait 1^m 3 au lieu d'un mètre, et qui servait au métrage, cette table est passée à l'état de légende et a prêté aux plus injustes généralisations.

ANNEXES

LA LOI DU 7 MARS 1850
sur les moyens de constater les Conventions en matière de tissage et de bobinage

RAPPORT INTRODUCTIF DE M. A. BOISSARD

HISTOIRE — APPLICATION — MODIFICATIONS DÉSIRABLES

Le 6 décembre 1904, la Chambre des députés entendait développer une question de M. Dron au ministre du Commerce et de l'Industrie sur les abus dont étaient victimes les ouvriers tisseurs à domicile de la région de Bailleul, en violation de la loi du 7 mars 1850 *sur les moyens de constater les conventions en matière de tissage et de bobinage.*

La Chambre, profondément impressionnée par les détails qu'apportait à la tribune le président de la Commission d'enquête sur l'industrie textile, votait la transformation de la question en interpellation, et refusant de se déclarer satisfaite des promesses du ministre — qui déposait cependant, séance tenante, un projet de loi ayant pour but de sanctionner plus efficacement les contraventions à la loi de 1850, — elle adoptait, à une très grande majorité, un projet de résolution de M. Mirman, ainsi conçu :

« La Chambre invite le gouvernement :

« 1° A assurer la stricte observation de la loi du 7 mars 1850 ;

« 2° A présenter au Parlement un projet de loi précisant les conditions dans lesquelles doivent être pesées et mesurées les matières produites par les ouvriers des filatures et tissages, payés aux pièces, et soumettant à un contrôle régulier tous les instruments de mesure employés à cet usage ».

Quelle était donc cette loi du 7 mars 1850 dont l'existence venait — véritablement — d'être révélée à la Chambre ?

En quoi consistaient, au juste, les violations de cette loi dont l'indication sommaire avait si fort ému les députés ?

Quelle valeur pratique conservait ce texte législatif, et quelles améliorations pouvait-il y avoir lieu d'y apporter ?

Voilà autant de questions auxquelles cet exposé voudrait apporter au moins un commencement de réponse.

I

L'histoire de la loi du 7 mars 1850, ce texte récemment encore moins connu — au dire de M. Sauzet — que les dispositions du droit romain sur la répression du dol (1), est curieuse et intéressante.

C'est une de nos plus anciennes lois s'occupant des questions de travail.

Comme la loi du 9 septembre 1848 sur les heures de travail dans les manufactures et usines, comme celle, aussi, du 22 février 1851 sur le contrat d'apprentissage, elle passa au bénéfice du mouvement qui se

---

(1) Sauzet : *Le livret obligatoire des ouvriers* p. 10, note.

produisit, après la révolution de 1848, en faveur de l'amélioration de la situation des travailleurs.

Primitivement, elle devait n'être qu'un texte réglementaire à portée absolument spéciale et presque locale, s'appliquant à l'industrie du coton telle qu'elle était pratiquée dans la région rouennaise, dans les mêmes conditions où une vieille loi du 18 mars 1806, portant création d'un conseil de prud'hommes à Lyon, était venue antérieurement déjà imposer quelques conditions de forme pour les règlements de compte entre maîtres d'ateliers et négociants en soieries.

Mais la Commission nommée par l'Assemblée nationale pour étudier le projet du gouvernement devait lui donner une portée d'application plus étendue.

Il faut voir avec quelle méfiance fut accueilli, par une notable portion de l'Assemblée, cet élargissement de la portée d'application de la loi ; à quelles discussions il donna lieu ; quels efforts firent certains orateurs pour empêcher qu'on ne confondît « les *rapports* entre patrons et ouvriers, que le législateur peut réglementer, avec les *conventions* qui interviennent entre eux en ce qui touche les intérêts de l'industrie, lesquelles conventions doivent toujours rester libres. » (M. Sevaistre, séance du 28 janvier 1850.)

Voici en quels termes M. Mimerel, président de la Commission, faisait l'historique du projet discuté devant l'Assemblée (séance du 29 janvier 1850) :

« A Rouen, les manufacturiers payaient, autrefois, le tissage *à la mesure*, et les pièces avaient toutes une longueur égale, lorsque la concurrence s'établit entre le tissage mécanique et le tissage manuel. — La mécanique alors était dans un état très imparfait, et la concurrence était possible à soutenir. Mais ses progrès furent incessants et bientôt quelques malheureux petits patrons, ruinés par la concurrence, obligés de congédier les ouvriers avec lesquels ils avaient vécu, imaginèrent de substituer le paiement *à la pièce* au paiement à la mesure. Il fallait que le tissage manuel abaissât ses prix, qu'il les abaissât dans ses frais généraux, qu'il les abaissât dans le salaire, qu'il les abaissât dans le bénéfice du fabricant ; et, comme on voulait que cette révolution passât inaperçue, on allongea la pièce ; on la fit, d'abord, de 110 mètres au lieu de 100 : c'était un abaissement de 10 % dans les frais généraux ; c'était un abaissement égal dans le salaire, puisque l'ouvrier ne recevait pour 110 mètres que ce qu'il recevait auparavant pour 100 mètres.

Cette révolution industrielle s'opéra d'abord sans beaucoup de résistance. Tout le monde comprenait la nécessité qui l'avait introduite. Mais la concurrence, elle, est impitoyable ; les petits fabricants ne pouvaient pas monter d'ateliers ; ils étaient aux prises avec cette nouvelle industrie. S'il y avait 5,000 métiers mécaniques en 1834, il y en avait 31,000 en 1844. Chaque fois que les petits patrons voyaient le tissage mécanique les poursuivre, et à mesure qu'il gagnait du terrain sur eux, ils tâchaient de le joindre en allongeant la pièce ; tant et si bien que les tisserands en étaient venus à recevoir, pour 160 mètres, le même prix qu'ils recevaient pour 100 mètres.

Très peu de patrons, je dois le dire, avaient pratiqué cette manière de travailler. La grande majorité d'entre eux se plaignit bientôt de cette nouvelle concurrence d'autant plus désastreuse qu'elle n'était pas limitée. Ils adressèrent leurs plaintes à la Chambre de commerce. La Chambre de commerce eut recours à l'autorité du préfet. Mais Chambre de commerce et préfet furent impuissants devant le silence de la loi.

De là, Messieurs, la loi qui vous est présentée.

Elle ne devait comprendre, d'abord, que l'industrie du coton, puisque là seulement s'étaient présentés des abus à réprimer. Mais bientôt on apprit qu'à Saint-Etienne, par exemple, une autre coutume existait : on y payait à la douzaine, et pour recevoir 12 il fallait que le tisserand rapportât 13. On sut, d'ailleurs, que l'industrie mécanique du tissage s'était emparée de l'industrie du lin, qu'elle s'introduisait aussi dans l'industrie de la laine. De là la nécessité de faire une loi générale sur le tissage.

Voilà les faits dans toute leur sincérité. »

Ainsi donc, c'était la détresse des petits fabricants de l'industrie cotonnière concurrencés par le métier mécanique qui avait été la cause d'abus criants ; et ces abus provoquaient l'intervention du législateur.

Or, que s'était-il produit, il y a trois ans, lorsque — à nouveau — le Parlement s'émut de la situation faite aux tisseurs à domicile ? Il s'était produit pour le lin exactement ce qui se passait pour le coton, vers 1850. Après avoir complètement, ou peu s'en faut, absorbé la production cotonnière, le tissage mécanique était en train de faire disparaître également le tissage à la main, dans l'industrie linière.

En 1873, les statistiques officielles signalaient l'existence en France de 16,837 métiers mécaniques et 60,522 métiers à bras, pour le tissage du lin ; en 1900, les évaluations portaient à 22,000 le nombre des métiers mécaniques battant, et à 20,000 celui des métiers à bras (1).

Et alors, et par une conséquence fatale de la lutte

---

(1) E. Faucheur : *Rapport sur les fils et tissus de lin à l'Exposition de 1900*, p. 18.

pour la vie, les mêmes abus qui avaient soulevé l'indignation vers 1848 se reproduisaient et causaient scandale vers 1900, et à lire les discours de MM. Dron et Mirman devant la Chambre des députés, le 6 décembre 1904, il semblerait vraiment qu'ils ne sont qu'un écho, — plus même : qu'une transposition presque textuelle, à cinquante-quatre ans de distance, des constatations et des protestations de MM. Cunin-Gridaine ou Mimerel devant l'Assemblée nationale, en janvier 1850.

Mais, sans anticiper sur les événements, voyons quel but exact s'était proposé d'atteindre le législateur de 1850.

Lorsque le gouvernement, saisi de pétitions et réclamations émanant des organes les plus divers (chambres de commerce, chambres consultatives des arts et manufactures, conseils de prud'hommes, ouvriers, assemblées administratives, etc.), déposa, le 5 octobre 1849, un projet de loi « sur les moyens de constater les conventions entre patrons et ouvriers en matière de tissage et de bobinage », le ministre de l'Agriculture et du Commerce, M. Lanjuinais, déclarait n'avoir eu pour but, ainsi que l'intitulé même de son projet l'indiquait, que d'assurer la loyauté et la sincérité des conventions entre patrons et ouvriers, — sans vouloir intervenir à aucun degré dans la détermination de ces conventions, — et « de prévenir la surprise et l'erreur. »

A cet effet, il proposait d'exiger de tout fabricant ou commissionnaire qui livrerait des fils pour être tissés ou bobinés la remise à l'ouvrier, en même temps que de ces fils, d'un bulletin énonçant très clairement les particularités techniques du travail qu'il aurait à exécuter, ainsi que les éléments de la rémunération qui lui était promise pour ce travail.

La Commission parlementaire à laquelle fut renvoyé le projet de loi du gouvernement trouva celui-ci très insuffisant.

Non seulement elle remplaça le *bulletin* prévu dans le projet ministériel par un *livret spécial* destiné à préciser les conditions de toutes les conventions successives qui interviendraient entre le même fabricant ou commissionnaire et le même ouvrier, non seulement elle modifia un très grand nombre des énonciations indiquées par la loi comme devant être inscrites sur le livret, mais — surtout — elle considéra *qu'il était inadmissible de laisser entièrement facultatif le choix des bases du prix de façon*, vu que c'était précisément à l'occasion de ces bases du prix de façon que la plupart des abus s'étaient produits.

Aussi, tirant argument de ce que la loi du 4 juillet 1837 prescrivait l'usage exclusif des mesures décimales dans toutes les transactions, la Commission proscrivait-elle le *paiement à la pièce* comme contraire à cette loi, et insistait-elle en faveur du *paiement au mètre de tissu fabriqué*.

« Nous substituons, disait le rapporteur, un principe régulier à des modes de taxation qui varient suivant les localités et dont la variété même est une source d'abus...

« ... Ce n'est pas seulement une idée simple, c'est une idée juste. L'ouvrier sera frappé de suite du prix au mètre, tandis que, si son livret indique la longueur de la chaîne et le prix de la pièce, il sera obligé de se livrer à un calcul qui ne lui sera pas toujours familier. Il se rendra aussi plus facilement compte de la hausse et de la baisse du salaire sur une longueur déterminée comme le mètre que sur une mesure indéterminée comme la pièce. »

Si j'ai tenu à souligner cette disposition de la Commission tendant à substituer au paiement à la pièce le paiement au mètre de tissu fabriqué, c'est que c'est celle qui donna lieu aux plus vives discussions devant l'Assemblée nationale, comme aux plus constantes violations dans la pratique.

En somme, — et comme l'indiquait une note récente de l'*Office du Travail*, — la loi, telle qu'elle sortit des délibérations de l'Assemblée nationale, tendait à un triple but :

1° Permettre la constatation des quantités de matières livrées à l'ouvrier et dont celui-ci est responsable vis-à-vis du fabricant, de façon à éviter les contestations ;

2° Permettre à l'ouvrier, grâce aux mentions inscrites sur le livret, de se rendre compte exactement des conditions du travail qu'il aura à effectuer en faisant nettement ressortir « les éléments qui, ayant une influence sur le travail, doivent en avoir sur son prix. » (Rapport Cunin-Gridaine) ;

3° Rendre obligatoire le paiement d'après une unité légale (le mètre ou le kilogramme), de façon que le salaire soit proportionnel au travail effectué, tout en laissant aux parties entière liberté pour régler entre elles le salaire afférent à cette unité de travail.

Et tout cela se traduisait, par rapport aux fabricants, commissionnaires ou intermédiaires, en deux prescriptions catégoriques :

Obligation de la remise d'un livret de salaire à l'ouvrier, en même temps que lui étaient livrées les matières destinées à être travaillées par lui à la tâche ;

Interdiction de régler ce travail fait à la tâche *à la pièce*.

Un article 7, fort important par les conséquences qui en eussent pu résulter, autorisait des dérogations aux dispositions de la loi, ou une extension de son texte à des industries se rattachant au tissage et au bobinage par voie d'arrêtés en forme de règlements d'administration publique qui seraient soumis, dans les trois ans de leur promulgation, à l'approbation du pouvoir législatif (1).

II

Comment fut appliquée la loi du 7 mars 1850 ?

Immédiatement après sa promulgation, cette loi, réclamée, en fait, par une bonne partie des intéressés, — fabricants et ouvriers, — reçut une certaine application dans la plupart des régions où se pratiquaient les industries textiles. Mais, bientôt, le zèle initial tomba. Les rapports des préfets signalèrent qu'on en revenait, petit à petit, aux anciens errements. Les fabricants cessaient de remettre aux ouvriers le livret prescrit par la loi ; surtout, ils pratiquaient à nouveau le règlement à la pièce. Au bout de peu de temps, il ne fut plus question du tout de la loi de 1850, à part dans certains centres où le régime du livret de salaire avait été un régime coutumier avant d'être devenu un régime légal.

---

(1) Les prescriptions de la loi du 7 mars 1850 n'ont été étendues qu'à la coupe du velours de coton, à la teinture ou blanchiment et à l'apprêt des étoffes, par la loi du 21 juillet 1856 (annexe n° 3).

Et ce n'est que très récemment, vers 1898, lorsque
des abus vraiment excessifs eurent résulté de la mé-
connaissance absolue de la vieille loi, qu'il fut de
nouveau question d'elle et des moyens qu'il y aurait
lieu de prendre pour la faire respecter.

Le problème fut posé par les réclamations ouvrières
qui se produisirent, sous forme d'agitations et de
grèves, dans diverses régions de France : à Thizy, à
Bailleul, dans le Cambrésis.

Mais ce qui rendait le problème ainsi posé fort délicat, c'est que — en définitive — il ne suffisait pas,
pour le résoudre, de faire constater que la loi était
inappliquée, mais encore de montrer qu'elle était
applicable.

Applicable, la loi de 1850 l'est-elle véritablement ?

La loi de 1850 a, certainement, conservé toute sa
valeur obligatoire : une loi ne s'abroge pas par un non-
usage prolongé. — Mais il est indiscutable, par ailleurs,
que cette loi a perdu beaucoup de sa portée d'application. A vrai dire, et par son texte vétuste et désuet,
elle ne peut plus guère attendre et réglementer que les
rapports naissant du tissage à domicile.

Au moment de sa promulgation, elle devait atteindre
le tissage et le bobinage à domicile, c'est-à-dire les
relations naissant de ce que des fils avaient été *livrés*
par des fabricants, commissionnaires ou intermédiaires pour être tissés ou bobinés *au dehors*. Or,
actuellement, le bobinage ne se fait presque plus hors
de la vue des fabricants. Le bobinage des fils reçus de
filature et l'ourdissage des chaînes sont opérés chez
le fabricant lui-même, dans de petits ateliers, par des
ouvriers et ouvrières très souvent payés au temps, et
en tous cas travaillant sous la surveillance directe du
fabricant. Celui-ci, par conséquent, ne *livre* plus de

fils à emporter au dehors, excepté aux *tisseurs* auxquels il remet, en même temps, les chaînes ourdies et les écheveaux de fils de la trame.

Donc, la loi de 1850 ne peut plus, pratiquement, recevoir d'application qu'à propos du tissage à domicile ; et là encore elle n'est l'objet que d'une observation absolument incomplète, laquelle n'est obtenue qu'en proportion de la solidité d'organisation corporative des ouvriers tisseurs et de l'énergie de leurs réclamations.

A quoi cela tient-il donc ?

Cela tient, d'abord, — il faut le reconnaître — à ce que, le législateur de 1850 ayant voulu, au lieu de se borner à émettre un principe général, entrer dans des détails de réglementation, il en est résulté que, certaines branches seulement des industries visées possédant des représentants au sein de l'Assemblée nationale, les mentions insérées aux articles 1er et 2 de la loi se sont trouvé correspondre plus ou moins exactement aux conditions particulières de ces branches industrielles et ne pouvoir — en revanche — s'adapter à d'autres spécialités qui n'avaient pu faire valoir leurs observations.

Et ce défaut initial est allé s'accentuant par suite des modifications techniques apportées dans la fabrication des tissus du fait des combinaisons nouvelles des fabricants et des exigences changeantes de la clientèle et de la mode. De telle sorte que certaines des mentions énumérées par la loi comme devant figurer sur les livrets de salaire ne correspondent plus à aucune réalité pratique, sont sans influence aucune sur les conventions intervenant entre fabricants et ouvriers, alors que d'autres mentions qui figureraient très utilement sur les livrets ne sont pas comprises dans l'énumération légale.

Des réclamations constantes sont adressées de ce chef par les syndicats, tant ouvriers que patronaux, au ministère du Travail. L'Office du Travail instaurait, il y a quelques mois à peine (10 juillet 1906), une enquête au sujet de vœux tendant à faire apporter des modifications au texte de la loi de 1850, et dont le ministre avait été saisi par les ouvriers tisseurs de la région de Cambrai-Valenciennes réunis en Congrès régional, le 4 mars 1906, à Villers-en-Cauchies, d'une part (voir annexe n° 5), et d'autre part, et plus anciennement, par une délibération en date du 31 janvier 1905 de la Chambre syndicale des fabricants de toile de Bailleul (voir annexe n° 6).

Tout récemment encore les fabricants de la région de Cambrai-Valenciennes formulaient, à leur tour, des réclamations auxquelles ils s'efforcent en ce moment d'associer les ouvriers tisseurs qui travaillent pour eux. Et d'autres revendications, émanant de régions et de spécialités industrielles différentes, ont dû, sans aucun doute, se produire également.

Mais, quoi qu'il en soit des imperfections de détail de la loi, ses prescriptions essentielles subsistent et pourraient du moins, semble-t-il, être observées. Leur violation, hier encore à peu près générale, tiendrait-elle à ce que la loi de 1850 manquerait de sanction ?

Point du tout, puisque les infractions aux dispositions de la loi de 1850 sont punissables d'une amende de 11 à 15 francs ; puisqu'il peut être prononcé autant d'amendes qu'il aura été relevé de contraventions distinctes, sans préjudice — en cas de récidive dans les douze mois — de l'insertion du nouveau jugement dans un journal de la localité.

Seulement, la constatation et la poursuite de ces

contraventions (comme aussi celles des *fausses mentions* inscrites sur les livrets ou de tout autre fait pouvant être considéré comme constituant un délit de droit commun) ont été laissées par la loi de 1850 aux parquets et à leurs auxiliaires ordinaires : commissaires de police et gendarmes (1) ; et les parquets, peu soucieux de s'encombrer d'une quantité d'affaires pour l'appréciation compétente desquelles ils se sentent très peu préparés, ont absolument négligé de remplir, sur ce point, leur office. Un ou deux procureurs de la République ont bien apporté, depuis quelques mois, un peu plus de zèle dans l'exercice de ces fonctions très spéciales, mais ce sont là exceptions tout à fait isolées.

Aussi, est-ce en vue de parer à ce gros inconvénient que le gouvernement a déposé, le 6 décembre 1904, un projet destiné à charger les inspecteurs du travail de la constatation des contraventions à la loi de 1850 (voir annexe n° 4).

Certes, l'adoption définitive et la promulgation de ce projet — voté par la Chambre en février 1905, et aujourd'hui sommeillant dans les cartons du Sénat — seraient de nature à procurer une application plus stricte de la loi.

Cependant, ce serait se faire une grosse illusion que de croire que le fait d'avoir confié cette nouvelle prérogative aux inspecteurs du travail déjà surchargés de besogne suffirait à lui seul à modifier très sensiblement la situation.

D'abord, ainsi que me l'écrivait le président d'un important syndicat de tisseurs, « l'inspecteur ne pour-

---

(1) Cela s'explique aisément, puisque l'inspection du travail n'existait pas à cette époque.

rait être sur les lieux assez souvent » ; et puis, surtout, et là où précisément les abus auraient le plus de
chance de se commettre sur une grande échelle, c'est-
à-dire là où l'industrie marcherait spécialement mal,
l'inspecteur aurait beaucoup de peine à être avisé de
ces abus ; car — comme me l'indiquait le secrétaire
d'un autre syndicat ouvrier — « le travailleur lésé
n'oserait se plaindre, de peur de passer pour une
forte tête et de ne plus avoir d'ouvrage. »

En fait, à l'heure actuelle (et il en sera ainsi tant que
l'on n'aura pas introduit dans la loi de 1850 un principe
nouveau, celui de la vérification publique et obligatoire des éléments — pesées ou mesures — servant à
la détermination du prix de façon), le travailleur, dans
le tissage à domicile, n'a pas de garantie certaine
contre la fraude patronale et *il en a d'autant moins
qu'il en aurait plus besoin* : l'exactitude de cette affirmation en apparence paradoxale ressort, d'une manière très curieuse, de la comparaison de l'état de
choses existant, en ce moment même, dans deux
centres de tissages à la main en somme peu distants
l'un de l'autre : le Cambrésis et la région de Bailleul.

Dans la région de Cambrai-Valenciennes, le tissage
à la main lutte et résiste avec opiniâtreté, par la fabrication de produits extrêmement fins — linons et batistes — auxquels la mode a donné, en ces derniers
temps, un regain de faveur et de valeur. Les ouvriers
tisseurs, très peu payés jusque-là et qui subissaient
de nombreuses fraudes de la part des fabricants,
s'étant enfin organisés et syndiqués, obtinrent, à la
suite d'un Congrès régional tenu le 26 juin 1905 à
Villers-en-Cauchies : 1° la mise sur pied d'un tarif
unique et détaillé applicable à toute la région et
élaboré d'un commun accord entre représentants de

la Fédération des ouvriers tisseurs et de l'Union des fabricants et négociants ; 2° la signature d'un contrat collectif obligeant tous les travailleurs et tous les employeurs de la région, et garantissant l'exacte observation du tarif ; et, 3° enfin la nomination d'une commission mixte à réunions périodiques, avec délégués permanents dans les diverses localités intéressées, et ayant pour but de surveiller l'exécution du contrat collectif et d'en sanctionner les violations par l'application d'amendes prévues et fixées d'avance.

A dater de ce régime nouveau, la loi a été appliquée aussi exactement que possible dans le Cambrésis ; des livrets sont entre les mains de presque tous les tisseurs. La Commission, en activité depuis le 7 septembre 1905, a eu plusieurs fois à prononcer des sanctions pénales ; mais, par son fonctionnement régulier et énergique, elle a considérablement amélioré la situation matérielle des ouvriers, comme aussi les rapports entre fabricants et tisseurs : *tout cela, d'ailleurs, grâce à ce que cette branche d'industrie traverse, en ce moment, une période de grande activité.* (Cf. Statistique des grèves, 1905, p. 556 et s.).

Au contraire, dans la région de Bailleul (où, à l'inverse du Cambrésis, le tissage à la main se maintient par la fabrication de produits très communs, très bon marché, dans lesquels il introduit quelque variété, quelque fantaisie, que le tissage mécanique ne réaliserait pas sans un notable renchérissement du prix de revient), cette industrie en déclin ne ne défendant — malgré tout — qu'à grand'peine, les tisseurs sont dans l'impossibilité de tenir la main à une observation de la loi de 1850 aussi rigoureuse que celle qu'obtient la Commission mixte du Cambrésis.

Les tisseurs de Bailleul même, dont la situation a

particulièrement occupé la Chambre lors de l'inter-pellation du 6 décembre 1904, se sont pourtant regimbés à deux reprises : une première fois, en octobre 1903, ils s'étaient mis en grève et une convention intervint entre ouvriers et fabricants, sur l'initiative du sous-préfet d'Hazebrouck, convention de façade et dont l'efficacité ne devait pas être durable. Les fabricants, cependant, s'étaient mis à délivrer des livrets aux tisseurs ; et la ville de Bailleul avait fait édifier un bâtiment destiné au mesurage public des pièces tissées. Mais, les abus qu'on avait pensé supprimer s'étant reproduits presque immédiatement, une nouvelle grève éclata, suivie — le 3 décembre 1904 — d'un nouvel accord dû, cette fois, à l'entremise très active et très particulièrement sagace du premier adjoint de la ville, M. Mœneclaey, devenu maire depuis lors.

En vertu de cette convention, les fabricants prenaient des engagements précis, sous la garantie d'une sanction pénale. La longueur des chaînes qu'ils devaient livrer était fixée uniformément, pour presque tous les articles, à 166 mètres ; le prix des articles dépendait de cette longueur, de la largeur des pièces et de leur duitage. La Chambre syndicale des fabricants offrait au métrage public municipal un ourdissoir installé de façon à pouvoir contrôler la longueur des chaînes.

Malheureusement, cette installation devait rester inutilisée : *il n'est fait absolument aucun usage du métrage public*, et les tisseurs restent convaincus qu'ils sont, de nouveau, victimes des fraudes des fabricants. Mais ils n'oseraient pas le dire trop haut, de peur de n'avoir plus d'ouvrage.

Et à cette situation il y a bien peu de remède, *parce*

que le tissage à la main se maintient très péniblement à Bailleul. (Cf. Statistique des grèves, 1904, p. 757 et s.) (1).

---

(1) Il est intéressant de signaler que les fabricants de Bailleul ont recommencé, depuis la convention du 3 décembre 1904, à fixer leur prix de façon d'une manière, en somme, nettement *illégale*. En effet, la loi de 1850 n'autorise — au 4° de son article 1er — la détermination du prix de façon qu' « au mètre de tissu fabriqué, au mètre de longueur ou au kilogramme de trame introduite dans le tissu ». Or, les négociants de Bailleul paient la façon « à la pièce ».

Seulement, cette pièce est obtenue par le tissage de chaînes ourdies d'une longueur invariable et conventionnellement obligatoire : 160 mètres ; ce qui permet de savoir, à quelques mètres près, la longueur de la pièce tissée.

Les fabricants de Bailleul prétendent ne pouvoir utiliser aucun des systèmes légaux de détermination du prix de façon, notamment le prix « au mètre de tissu fabriqué ». En effet, si le tisseur était payé au mètre de tissu fabriqué, les tissus de Bailleul étant très grossiers et peu duités, l'ouvrier trouverait à serrer son travail un peu moins qu'il ne le doit un double avantage : sa pièce s'allongerait de quelques mètres, et il économiserait   du même coup — quelques écheveaux de fil de trame. De telle sorte qu'il toucherait plus pour une pièce plus longue et qu'il pourrait encore (frauduleusement, il est vrai) tirer bénéfice de la trame économisée.

Le mode de règlement usité par les négociants de Bailleul, et dont ils continuent à user par une tolérance administrative, ne paraît vraiment pas dommageable pour les ouvriers, à une condition : c'est qu'il ne soit pas commis de fraude quant à la longueur de la chaîne ourdie. Or, pour la vérification exacte de la longueur de ces chaînes, il faut des appareils spéciaux. C'est un appareil de ce genre que la Chambre syndicale des fabricants a donné au métrage public. Mais, nous l'avons dit, il n'en est pas fait usage.

A mon sens, il y aurait avantage à transformer le régime actuel de tolérance administrative en un régime d'autorisation légale, *à cette condition que la longueur des chaînes ourdies serait obligatoirement vérifiée au métrage public avant la remise aux tisseurs.*

J'ai pu constater, en interrogeant des ouvriers tisseurs réputés pour leur bon esprit, que les ouvriers restent persuadés que les abus antérieurs à la convention de 1904, c'est-à-dire l'allonge-

A quelques kilomètres de Bailleul, — à Godewaersvelde et à Bœschèpe — où travaillent également quelques tisseurs à la main ne possédant, eux, aucune organisation corporative, il n'est point délivré de livrets aux ouvriers, et il n'est même pas question d'aucune espèce d'observation de la loi de 1850.

III

Que conclure de tout ceci ?

1° Il semble vraiment que, tout d'abord, il y ait lieu d'apporter des modifications nombreuses au texte même de la loi de 1850. Il en est deux qui ne paraissent pas de nature à soulever beaucoup d'objections. C'est, en premier lieu, celle consistant à soumettre au contrôle des vérificateurs des poids et mesures tous les instruments servant aux pesées ou mesures desquelles dépend la fixation du salaire de l'ouvrier (voir annexe n° 7).

C'est, ensuite, celle consistant à exiger la pagination des livrets de façon à empêcher toute altération intéressée desdits livrets (1).

---

ment frauduleux des chaînes, se reproduisent aujourd'hui. Et cependant, j'ai vérifié sous leurs yeux des chaînes ourdies qui avaient très exactement la longueur convenue.

Un fabricant, considéré comme irréprochable, convenait avec moi que le seul moyen d'éviter ces suspicions des tisseurs, comme aussi — d'ailleurs — de protéger sûrement les fabricants consciencieux contre la concurrence déloyale de ceux qui le seraient moins, consisterait dans *l'obligation* du mesurage public de toutes les chaînes ourdies.

D'après lui, la petite dépense et la gêne supplémentaires qui résulteraient de cette obligation seraient largement compensées par les avantages matériels et moraux qu'elle offrirait.

(1) Extrait d'une note d'un membre de la Commission mixte du Cambrésis : « La Commission peut aussi appliquer une amende

Quant aux modifications à apporter au texte des articles 1er et 2 de la loi (à l'article 1er plus spécialement, car l'article 2 n'a plus guère d'application pratique), elles seraient, sans doute, plus délicates et plus discutées. Mais on ne voit pas pourquoi le gouvernement n'userait pas de la latitude que lui donne l'article 7 pour modifier, par règlement d'administration publique, les dispositions concernant la détermination du prix de façon, sous réserve de l'approbation du Parlement qui ne serait certes pas refusée si une expérience de trois années était venue prouver le bien fondé de l'initiative de l'exécutif.

2° On ne saurait trop souhaiter, par ailleurs, le vote prochain, par le Sénat, du projet déjà adopté par la Chambre et chargeant les inspecteurs du travail de l'application de la loi de 1850.

3° Enfin, il semble qu'on devra considérer n'avoir rien fait de véritablement efficace dans le sens de la protection des ouvriers tisseurs contre les fraudes auxquelles ils sont exposés comme aussi de la garantie des fabricants contre des suspicions très souvent injustifiées, et néanmoins très dommageables

---

de 20 francs au patron qui altère le livret de compte (art. 15 des conditions générales).

« Car nous avons eu des cas où le patron, après avoir porté des mentions fictives sur le livret, au lieu d'inscrire la rentrée des pièces tissées et d'arrêter le prix de façon payé, enlevait toujours la première page du livret, de sorte que l'ouvrier était censé être toujours à sa première pièce, et ceci pour se soustraire à l'article 11 des conditions générales, qui dit : « Tout fabricant reconnu *avoir donné* un prix inférieur sera passible d'une amende de ... ». Alors, comme l'ouvrier est censé être à sa première pièce, la façon n'est pas *donnée*, elle n'est donnée qu'à la rentrée, et en déchirant une page au livret, à chaque pièce, la façon n'est jamais donnée, parce que la pièce n'est pas rentrée. »

au point de vue de leurs rapports avec les ouvriers, tant qu'on n'aura pas rendu obligatoire le contrôle public de toutes mesures ou pesées servant d'éléments pour la détermination des prix de façon.

Ce contrôle public et obligatoire pourrait être, d'ailleurs, organisé soit syndicalement, soit municipalement.

La Commission mixte du Cambrésis pourvoit actuellement au mesurage des chaînes ourdies. La ville de Bailleul, nous l'avons vu, s'était très volontiers prêtée à l'établissement d'un métrage public. Le local *ad hoc* existe, pourvu de tous les éléments voulus de bon fonctionnement. Mais *il ne sert à rien, parce que son utilisation n'est pas obligatoire.*

Il n'est pas sans intérêt de noter que, dès 1850 (séance du 29 janvier 1850. *Moniteur universel*, 1850, p. 341), M. Testelin, représentant du Nord à l'Assemblée nationale, s'appuyant sur une pétition des tisseurs de Saint-Souplet, avait proposé un amendement qui ne fut pas adopté, et qui était ainsi conçu :

« Un bureau de vérification spécial sera établi dans toutes les communes où les tribunaux de prud'hommes le jugeront nécessaire. »

Seront-ce là toutes mes conclusions ?

Non, Messieurs, je vous dois autre chose.

Proposer des modifications à la loi du 7 mars 1850, en vue d'une amélioration des rapports contractuels naissant du tissage à la main, c'est — en somme — proposer des remèdes pour adoucir les dernières heures d'un agonisant.

Ce peut être un devoir.

Mais il est plus important de pourvoir au bon équilibre physique de qui est en pleine vitalité.

Il est donc essentiel de songer au fonctionnement normal des modes de production les plus modernes des industries textiles, — du coton, du lin, de la laine et de la soie, — c'est-à-dire des grands ateliers mécaniques, en particulier des filatures et des tissages.

Or, si l'on étudie les gros volumes reproduisant les procès-verbaux de l'enquête parlementaire sur « l'état de l'industrie textile », et si l'on porte son attention sur les réponses faites aux questions relatives au *règlement des salaires*, on constate que les réponses, collectives ou individuelles, des patrons sont à peu près partout très optimistes sur ce point spécial. D'après eux, le règlement des salaires à la tâche, comme aussi le contrôle de ce règlement, ne seraient presque jamais l'occasion de difficultés, les ouvriers ne mettant pas en doute la probité des employeurs. A l'inverse, presque toutes les réponses ouvrières portent l'empreinte de suspicions profondes et de rancunes accumulées. Enfin, les conseils de prud'-hommes constatent unanimement que des litiges relatifs au règlement des salaires leur sont très rarement soumis ; mais les prud'hommes ouvriers ajoutent immédiatement que cela tient exclusivement à la crainte qu'ont les ouvriers lésés de ne plus trouver d'ouvrage s'ils osaient réclamer.

Les résultats, Messieurs, de mon enquête personnelle sur ce point corroborent absolument ceux de l'enquête parlementaire. Il semble donc qu'il y ait là une question qui mérite, à tous égards, un sérieux examen.

J'appelle tout spécialement l'attention sur l'annexe

n° 10 où sont reproduits des extraits de procès-verbaux d'un groupement important d'industriels cons-
cients de leurs devoirs, désireux de la bonne entente
des ateliers et de la paix sociale. Ces extraits prouvent
que, dans les milieux patronaux éclairés, on comprend qu'il y a quelque chose à faire au point de vue
du *contrôle du mesurage du travail à la tâche.*

Si, maintenant, on consulte les législations étrangères (voir annexes 11, 12 et 13), on est frappé de voir
combien les législations belge et anglaise, en particulier, — c'est-à-dire de deux nations industrielles
qui ne passent pas pour les patries de l'utopie, — sont
en avance sur la nôtre, à ce point de vue spécial.

N'apparaît-il pas, vraiment, qu'une étude approfondie et minutieuse des procédés suivant lesquels on
pourrait introduire progressivement dans notre législation des dispositions analogues à celles de la loi anglaise mériterait tout l'effort d'une association comme
la nôtre ? Je le pense, pour ma part, estimant
que, si l'on veut travailler efficacement à « for-
tifier entre ouvriers et patrons les relations basées
sur l'estime et la confiance », il faut, — ainsi
que le disait déjà M. Cunin-Gridaine devant l'Assemblée nationale, en 1850, — « faire disparaître non
seulement les causes, mais les prétextes de malen-
tendus ».

ANNEXE N° 2

Loi du 7 mars 1850

Sur les moyens de constater les conventions entre patrons et ouvriers, en matière de tissage et de bobinage.

ARTICLE PREMIER

Tout fabricant, commissionnaire ou intermédiaire qui livrera des fils pour être tissés sera tenu d'inscrire, au moment de la livraison, sur un livret spécial appartenant à l'ouvrier et laissé entre ses mains :

1° Le poids et la longueur de la chaîne ;

2° Le poids de la trame et le nombre de fils de trame à introduire par unité de surface de tissu ;

3° Les longueur et largeur de la pièce à fabriquer ;

4° Le prix de la façon, soit au mètre de tissu fabriqué, soit au mètre de longueur ou au kilogramme de la trame introduite dans le tissu.

ART. 2

Tout fabricant, commissionnaire ou intermédiaire qui livrera des fils pour être bobinés sera tenu d'inscrire, sur un livret spécial appartenant à l'ouvrier et laissé entre ses mains :

1° Le poids brut et le poids net de la matière à travailler ;

2° Le numéro du fil ;

3° Le prix de façon, soit au kilogramme de matière travaillée, soit au mètre de longueur de cette même matière.

ART. 3

Le prix de façon sera indiqué en monnaie légale sur le livret par le fabricant, commissionnaire ou intermédiaire.

Toute convention contraire sera mentionnée, par lui, sur le livret.

ART. 4

L'ouvrage exécuté sera remis au fabricant, commissionnaire ou intermédiaire de qui l'ouvrier aura reçu directement la matière première.

Le compte de façon sera arrêté au moment de cette remise.

Toute convention contraire aux deux paragraphes précédents sera mentionnée sur le livret par le fabricant, commissionnaire ou intermédiaire.

ART. 5

Le fabricant, commissionnaire ou intermédiaire inscrira sur un registre d'ordre toutes les mentions portées au livret spécial de l'ouvrier.

ART. 6

Le fabricant, commissionnaire ou intermédiaire tiendra constamment exposés aux regards, dans le lieu où se règlent habituellement les comptes entre lui et l'ouvrier :

1° Les instruments nécessaires à la vérification des poids et mesures ;

2° Un exemplaire de la présente loi en forme de placard.

ART. 7

A l'égard des industries spéciales auxquelles serait inapplicable la fixation du prix de façon, soit au mètre de tissu fabriqué, soit au mètre de longueur de la trame introduite dans le tissu, ou bien soit au kilogramme de matière travaillée, soit au mètre de longueur de cette même matière, le pouvoir exécutif pourra déterminer un autre mode, par des arrêtés en forme de règlement d'administration publique, après avoir pris l'avis des chambres de commerce, des chambres consultatives et des conseils de prud'hommes, et, à leur défaut, des conseils de préfecture.

Il pourra pareillement, par des arrêtés rendus en la même forme, étendre les dispositions de la présente loi aux industries qui se rattachent au tissage et au bobinage.

En l'un et l'autre cas, ces arrêtés seront soumis à l'approbation de l'Assemblée législative dans les trois ans qui suivront leur promulgation.

ART. 8

Seront punis d'une amende de 11 à 15 francs :

1º Les contraventions aux articles 1er, 2, 3, 5 et 6 ;

2º Les contraventions à la disposition finale de l'article 4 et aux arrêtés pris en exécution de l'article 7.

Il sera prononcé autant d'amendes qu'il aura été commis de contraventions distinctes.

ART. 9

Si, dans les douze mois qui ont précédé la contravention, le contrevenant a encouru une condamnation pour infraction à la présente loi ou aux arrêtés pris en exécution de l'article 7 de cette loi, le tribunal peut ordonner l'insertion du nouveau jugement dans un journal de la localité, aux frais du condamné.

ANNEXE N° 3

Loi du 21 Juillet 1856

Qui étend à la coupe du velours de coton, ainsi qu'à la teinture ou blanchiment et à l'apprêt des étoffes, les dispositions de la loi du 7 mars 1850 sur le tissage et le bobinage.

ARTICLE PREMIER

Tout fabricant, commissionnaire ou intermédiaire qui livre à un ouvrier une pièce de velours de coton pour être coupée est tenu d'inscrire, au moment de la livraison, sur un livre spécial appartenant à l'ouvrier et laissé entre ses mains :

1° Les longueur, largeur et poids de la pièce à couper ;
2° Le prix de façon, au mètre de longueur.

ART. 2

Tout fabricant, commissionnaire ou intermédiaire qui livre à un ouvrier une pièce d'étoffe pour être teinte, blanchie ou apprêtée, est tenu d'inscrire, au moment de la livraison, sur un livre spécial appartenant à l'ouvrier et laissé entre ses mains :

1° Les longueur, largeur et poids de la pièce à teindre, blanchir ou apprêter ;
2° Le prix de façon, soit au mètre de longueur de la pièce, soit au kilogramme de son poids.

ART. 3

Les articles 3, 4, 5, 6, 8 et 9 de la loi du 7 mars 1850 sont applicables à la coupe du velours de coton, ainsi qu'à la teinture, au blanchiment et à l'apprêt des étoffes.

ANNEXE N° 4

Projet de loi déposé par le Gouvernement français le 6 décembre 1904

« *Tendant à charger les inspecteurs du travail de l'application des lois du 7 mars 1850 et du 21 juillet 1856 (1).* »

ARTICLE PREMIER

Les inspecteurs du travail sont chargés d'assurer l'application des lois du 7 mars 1850 et du 21 juillet 1856.

A cet effet, ils auront entrée dans les locaux où se font les travaux prévus par lesdites lois et dans les locaux spécifiés à l'article 6 de la loi du 7 mars 1850.

ART. 2

Ils pourront se faire représenter les livrets prévus par lesdites lois et le registre mentionné à l'article 5 de la loi du 7 mars 1850.

ART. 3

L'obstacle à l'accomplissement des devoirs de l'inspection du travail sera passible des peines prévues à l'article 29 de la loi du 2 novembre 1892.

---

(1) Dépôt à la Chambre, par M. G. Trouillot, ministre du Commerce et de l'Industrie, le 6 décembre 1904 (Doc. parlem., n° 2119; 1904, p. 347); rapport Paul Constans, 25 janvier 1905 (Doc. parlem., n° 2207; 1905, p. 15); adopté par la Chambre des députés, le 9 février 1905; transmis au Sénat.

ANNEXE N° 5

*Lettre des Syndicats de la région de Cambrai-Valenciennes
à M. le Ministre du Commerce.*

MONSIEUR LE MINISTRE,

Dans une réunion tenue par tous les délégués des Syndicats des ouvriers tisseurs réunis en Congrès régional, le 4 mars 1906, à Villers-en-Cauchies, comprenant les Syndicats d'Avesnes-lès-Aubert, Avesnes-le-Sec, Bevillers, Haspres, Saulzoir, Saint-Hilaire, Rieux et Villers-en-Cauchies, le Congrès ayant comme président Soufflet (Arthur), du Syndicat de Saint-Hilaire, et comme secrétaire Rolland (Lucien), du Syndicat d'Haspres, à l'unanimité de tous les délégués présents, a décidé de soumettre à M. le Ministre du Commerce la situation fausse du tisseur à la main et de solliciter de sa haute bienveillance l'adjonction d'un paragraphe 5 à l'article 1er de la loi des 29 novembre 1849, 29 janvier et 7 mars 1850.

Pour éviter toute incertitude fâcheuse pour l'ouvrier tisseur, il serait plus que nécessaire que le fabricant fût tenu d'indiquer sur le livret de compte de l'ouvrier et laissé entre ses mains « le nombre de fils de chaîne à introduire dans le tissu » (1). L'adjonction de ce cinquième paragraphe que le Congrès a décidé de demander à M. le Ministre ne saurait avoir quoi que ce soit de vexatoire ni pour l'une ni pour l'autre des deux

---

(1) M. Duché, lors de la discussion en troisième lecture de la loi (séance du 7 mars 1850), avait demandé que, « après les mots : « le poids et la longueur de la chaîne », on mentionnât également *le nombre des fils de la chaîne*; car, « vous comprenez, citoyens, — disait-il — que la chaîne peut être plus ou moins pénible ou difficile, selon que le nombre des fils sera plus ou moins considérable. »

La Commission ayant repoussé cet amendement, il fut rejeté par l'Assemblée nationale. (*Moniteur Universel*, année 1850, n° 799).

parties : patrons et ouvriers. Il concourrait tout simplement à la franchise des affaires.

Sans que cela ait le sens d'une accusation portée à l'adresse du patronat, nous pouvons cependant dire que plus d'un patron fabricant de tissus a déjà eu maille à partir avec la loi sur le tissage et le bobinage. Et, quand l'erreur relevée se corse avec la quantité de fils-chaîne employés en trop, l'ouvrier tisseur ne saurait rien attendre de la loi qui est absolument muette sur ce point.

Dans notre genre de commerce, d'industrie ou de travail, c'est précisément le nombre de fils-chaîne qui détermine le salaire à accorder, et ce nombre de fils-chaîne devrait toujours cadrer avec la largeur du tissu. Un exemple peut le démontrer. Supposons que l'on donne à faire faire un genre de tissu d'une largeur de 1 m. 20. Sur cette largeur, s'il est introduit un nombre de 4,400 fils-chaîne au lieu de n'en introduire que 4,200, il est compréhensible que les 4,400 nécessitent plus d'application, plus de connaissance, plus de difficulté enfin que les 4,200, parce que les fils sont placés plus dru ; il va sans dire que les matières premières doivent être plus réduites, sinon plus fines. C'est bien là le côté par lequel plus d'un fabricant pèche journellement. C'est cependant un système désastreux pour les tisseurs de la région de Cambrai-Valenciennes. Si un ouvrier tisseur porte plainte contre un patron fabricant, parce que ce dernier lui aurait fait faire un tissu composé d'un nombre de fils-chaîne autre que celui spécifié au tarif, il est certain qu'il ne pourrait pas y être donné suite, puisque le patron n'est pas tenu d'indiquer qu'il avait donné tel ou tel nombre de fils à tisser en chaîne. C'est donc l'équivoque. C'est pourquoi le Congrès de Villers-en-Cauchies a décidé de soumettre cette importante question à M. le Ministre du Commerce et le prier de faire compléter cette loi par l'amendement ci-dessus d'où dépend l'amélioration de la classe des tisseurs du département du Nord.

Il est vrai qu'il existe un tarif des prix de façon, tarif signé et accepté des deux parties ; mais, au-dessus du tarif, il y a la loi. Et tous les deux ici sont : l'un inobservé, l'autre inobservable parce qu'incomplète.

Le Congrès a l'intime conviction que la situation si

minable des tisseurs à la main sera l'objet de toute la sollicitude de M. le Ministre du Commerce. Il attend avec confiance de connaître le bon accueil qui sera fait à sa demande d'adjonction, demande qu'il formule au nom des huit mille tisseurs à la main de la région de Cambrai-Valenciennes.

(Suivent les signatures.)

ANNEXE N° 6

Délibération de la Chambre syndicale des fabricants de toiles de Bailleul (Nord).

EXTRAIT DU REGISTRE DES DÉLIBÉRATIONS

Séance du 31 janvier 1905.

La Chambre syndicale des fabricants de toiles de Bailleul :

Considérant que la loi du 7 mars 1850, qui avait pour but de mettre un terme aux réclamations suscitées par le mode de règlement usité dans les deux branches de l'industrie des tissus (tissage et bobinage) et de faire disparaître les usages reconnus mauvais par les patrons ainsi que par les ouvriers, a décidé que le prix de façon serait perçu, soit au mètre de tissu fabriqué, soit au mètre de longueur ou au kilogramme de la trame introduite dans le tissu ;

Considérant que le texte de l'article 1er, § 4, ainsi conçu : « 4° que le prix de façon, soit au mètre de tissu fabriqué, soit au mètre de longueur ou au kilogramme de la trame introduite dans le tissu », ne peut s'appliquer aux genres tissés à la main dans la région de Bailleul ;

Considérant que cette impossibilité d'appliquer un texte a amené de graves conflits entre ouvriers et patrons et qu'il y a lieu de les faire cesser à l'avenir ;

Considérant que le payement du prix de façon au mètre de tissu fabriqué constitue pour les articles tissés à Bailleul une prime à la malfaçon ;

Considérant que, pour ce genre d'industrie, le seul point important est la longueur de la chaîne ; que le législateur de 1850 le savait si bien qu'il stipulait que le livret de l'ouvrier devait porter et le poids et la longueur de la chaîne ;

Considérant que, lors des réunions contradictoires de novembre et décembre 1904, les délégués ouvriers ont reconnu que la rétribution du travail sur la longueur de la chaîne est plus juste et plus équitable que la rétribution sur la longueur du tissu fabriqué,

Est d'avis d'obtenir des autorités compétentes la modification du texte de l'article 1er, § 4, en ce sens que, pour les tissages à la main, *le prix de façon pourra être payé au mètre de longueur de la chaîne* fournie par le patron ;

Emet le vœu qu'en attendant cette modification, il soit fait application de l'article 7 et qu'un règlement d'administration publique autorise les patrons bailleulois à payer les ouvriers au mètre de longueur de la chaîne fournie par le patron.

La Chambre syndicale donne tous pouvoirs à cette fin à son président, M. Ed. Mortelecque.

Pour copie conforme :
Le Président,
Signé : ED. MORTELECQUE.

ANNEXE N° 7

Lettre de la Chambre syndicale des ouvriers tisseurs d'Avesnes-lès-Aubert à M. le Ministre du Commerce.

MONSIEUR LE MINISTRE DU COMMERCE,

Nous prenons la respectueuse liberté d'appeler votre attention sur un fait qui intéresse l'industrie textile au plus haut point.

Vous n'ignorez pas, Monsieur le Ministre, que le contrôle des tissus de lin de notre région se fait métriquement à l'aide du mètre et du compas « compte-fils ».

Or, tandis que le mètre, ainsi du reste que les poids et mesures, sont soumis au contrôle de l'Etat, le compte-fils n'est soumis, à notre connaissance, à aucun contrôle de la part de l'Etat. Il nous a été donné de constater que certains de ces compte-fils, que l'on vend couramment dans le commerce sous forme de centimètre, demi-centimètre, compas de compte et quart de pouce, avaient quelquefois presque un millimètre en plus ou en moins que leur mesure.

Vous comprendrez, Monsieur le Ministre, les désagréments qu'il en peut résulter pour l'ouvrier tisseur lors d'un contrôle, surtout dans les travaux affinés où le nombre de fils à introduire peut aller jusqu'à sept au millimètre. Nous osons espérer qu'il nous aura suffi de vous signaler ces faits pour que vous mettiez immédiatement à l'étude un projet qui oblige les fabricants de compte-fils à soumettre les instruments qu'ils fabriquent au contrôle de l'Etat ; et, en outre, que les fabricants de tissus soient astreints, comme tous les commerçants, à soumettre leurs compas chaque année au contrôleur des poids et mesures.

Dans l'espoir de trouver un appui auprès de votre ministère, veuillez agréer, Monsieur le Ministre, l'expression de notre profond respect.

Pour le Syndicat des tisseurs :

Le Président,

Signé : V. CAMPENER.

(Décembre 1906.)

ANNEXE N° 8

Extrait du Code de travail présenté par M. Groussier (1)

. . . .

ART. 126

Lorsque le travail est exécuté en dehors de la surveillance directe de l'employeur ou de ses représentants, le prix n'en peut être réglé qu'après la réception de l'ouvrage.

ART. 127

Les conditions nécessaires pour constituer la réception de l'ouvrage sont :

1° la livraison ;
2° la vérification ;
3° l'acceptation.

ART. 128

La livraison peut être faite au domicile du travailleur ou à celui de l'employeur, suivant l'usage ou les conventions.

ART. 129

A défaut, par l'employeur, de prendre livraison de l'ouvrage, tenu à sa disposition par le travailleur, celui-ci peut l'y contraindre par une mise en demeure.

---

(1) Proposition de loi sur le *Code du Travail*, déposée à la Chambre des députés, le 15 janvier 1903, par M. Victor Dejeante et plusieurs de ses collègues.

ART. 130

La livraison réelle ou la mise en demeure déchargent le travailleur de toute responsabilité en cas de perte de la chose.

ART. 131

Lorsque le travailleur livre à l'employeur un ouvrage à plusieurs pièces ou à la mesure, la vérification peut s'en faire par parties.

Cette vérification est censée faite pour toutes les parties payées à l'employeur qui paie le travailleur en proportion de l'ouvrage fait.

ART. 132

Les travailleurs occupés en dehors de la surveillance directe de l'employeur ou de ses représentants devront avoir un livret de comptes spécial.

ART. 133

Les livrets de comptes seront délivrés aux travailleurs par les secrétaires des tribunaux de travail.

ART. 134

Les livrets de comptes seront cotés, paraphés et visés par un des membres du tribunal de travail.

Ils porteront les noms, prénoms et domiciles du travailleur et de l'employeur.

Ils devront être paraphés et visés chaque année.

ART. 135

Les secrétaires des tribunaux de travail tiendront un registre sur lequel ils inscriront les livrets de comptes et les désignations qu'ils contiennent lors de leur délivrance.

ART. 136

L'employeur, fabricant, commissionnaire ou intermédiaire qui livrera des matières à ouvrer sera tenu d'inscrire, au moment de la livraison, sur le livret de comptes appartenant au travailleur et laissé entre ses mains :

1º Les indications déterminant la matière fournie ;
2º Les indications déterminant l'ouvrage à exécuter ;
3º Le prix de façon en monnaie légale.

ART. 137

Des décrets pourront préciser les indications qui devront être portées au livret de comptes suivant le travail à exécuter.

ART. 138

Le compte de façon sera arrêté au moment de la remise de l'ouvrage exécuté.

ART. 139

L'employeur, fabricant, commissionnaire ou intermédiaire tiendra constamment exposés aux regards, dans le lieu où se règlent habituellement les comptes entre lui et le travailleur :

1º Les instruments nécessaires à la vérification des poids et mesures ;
2º Une affiche très apparente contenant les dispositions relatives aux livrets de comptes.

Les dispositions de l'article 423 du Code pénal et la loi du 27 mars 1851 sont applicables au pesage et au mesurage de l'ouvrage.

ART. 140

L'employeur, fabricant, commissionnaire ou intermédiaire tiendra un registre sur lequel seront portées toutes les mentions inscrites sur les livrets de comptes des travailleurs.

ART. 141

Lorsque le travailleur cessera de travailler pour un employeur, le livret de comptes sera arrêté.

Il sera déposé au tribunal de travail et le secrétaire remettra un nouveau livret de comptes.

ANNEXE N° 9

Projet de loi sur le « Contrat de travail »

Déposé à la Chambre des députés, le 2 juillet 1906, par M. Doumergue, ministre du Commerce (1).

(Extraits)

ART. 23

Le règlement d'atelier doit indiquer dans la mesure que comporte la nature de l'entreprise :

. . . .

2° Lorsque l'employé est rétribué à la tâche ou à l'entreprise, le mode de mesurage et de contrôle ;

. . . .

ART. 33

Lorsque la rémunération du travail dépend de mesures, pesées, opérations, vérifications quelconques ayant pour but de déterminer la quantité ou la qualité de l'ouvrage, les employés ont toujours le droit, malgré toute convention contraire, de contrôler ces opérations personnellement ou par délégués.

Les données prévues par les contrats, qui pourraient être nécessaires au calcul des salaires fixés par contrat individuel ou convention collective, sont soumises aux mêmes règles.

---

(1) Doc. parlement., n° 158.

ANNEXE N° 10

**Extraits des délibérations d'un groupe d'industriels
des Syndicats mixtes de l'industrie textile de Lille,
de Roubaix, de Tourcoing, de Fourmies
et d'Armentières (1)**

*Elaboration d'un règlement-type d'atelier
pour l'industrie textile.*

SÉANCE DU 1er DÉCEMBRE 1899

. . . .

ART. 6. — Paiement du salaire. — Avant de poursuivre cette étude, M. A... donne lecture d'une lettre publiée par le *Journal de Roubaix* du 7 novembre, qui remet en question un des points adoptés à notre dernière réunion.

Nous disions : « L'ouvrier, *s'il le demande*, sera admis au mesurage ou au pesage de son travail. »

L'auteur de la lettre pense, comme le *Journal de Roubaix*, que ce contrôle doit être *obligatoire*.

Voici ses paroles :

« MONSIEUR LE DIRECTEUR DU *Journal de Roubaix*,

« Les patrons catholiques du Nord, dans leur réunion
« du mois de mai dernier, ont mis à l'étude un projet de
« règlement d'usine formulant les principes qui doivent
« y présider et laissant à chaque patron la liberté d'y
« insérer les clauses particulières que peut réclamer son
« industrie.

« Ce projet a été soumis aux comités ouvriers d'études
« sociales de Roubaix et de Tourcoing, qui, avec le sens
« pratique qui les distingue, y ont apporté d'importantes
« modifications, dont les patrons se sont plu à recon-
« naître la justesse.

----

(1) *Conférences d'études sociales*; Lille, Ducoulombier. —
Année 1899, p. 473 et suiv. — Année 1900, p. 100.

« Un des articles du projet, fort goûté par les ouvriers,
« porte : *L'ouvrier, s'il le désire, sera admis au mesu-*
« *rage de son travail.*

« Il faudra évidemment y ajouter le pesage pour la
« filature.

« Mais nous sommes d'accord avec vous que la pré-
« sence de l'ouvrier, au pesage comme au mesurage de
« son travail, doit être obligatoire si l'on veut couper
« court aux accusations que, à tort ou à raison, il for-
« mule fréquemment.

« Nous demandons même qu'il lui soit remis un bulle-
« tin qu'il signera avec l'employé, constatant le poids
« du fil ou la longueur de la pièce.

. . . .

« Si la mesure n'est pas obligatoire, elle sera illusoire,
« car beaucoup d'ouvriers ne voudront pas ou n'oseront
« pas réclamer d'assister au mesurage ou au pesage et
« leur défiance subsistera. Il en serait à peu près de
« même si l'ouvrier se faisait remplacer. Il faut qu'il
« voie de ses yeux et puisse même vérifier l'instrument
« de pesage, si bon lui semble.

« Il appartient au patron de prendre les mesures néces-
« saires pour que l'ouvrier perde le moins de temps pos-
« sible en assistant à ces opérations.

« Veuillez agréer, Monsieur le Directeur, l'expression
« de mon respect.

« X. »

M. B... (d'Armentières) craint que l'obligation pour
l'ouvrier d'assister au mesurage ou au pesage de son
travail ait pour conséquence de compliquer beaucoup le
service du contrôle. A certains moments, des ouvriers
nombreux se présenteront ensemble pour faire mesurer
leurs pièces, d'où une perte de temps pour eux et la
nécessité d'augmenter le nombre des vérificateurs ; à
d'autres moments, au contraire, ces employés dont on
aura augmenté le nombre seront sans occupation.

M. C... (de Fourmies) ne croit pas qu'il soit difficile
de rendre obligatoire l'assistance au mesurage et au pesage.

Pour la filature, le fileur porte son panier de fil au pesage ; on le pèse et on en inscrit le poids sur son livret. L'opération ne dure que quelques instants.

Pour le tissage, c'est un peu plus long : l'ouvrier assiste à la visite de sa pièce ; aussitôt après on passe la pièce à la perche, puis à la machine à mesurer, et on en inscrit la dimension sur le livret de l'ouvrier.

L'opération à la machine à mesurer est très rapide : une ou deux minutes par pièce. Le passage à la perche demande plus de temps ; en un jour un percheur ne peut faire passer que 30 pièces environ. Comme un tissage de 125 métiers donne environ 60 pièces par jour à mesurer, il faut deux percheurs, ce qui n'est pas un personnel très nombreux. Quant aux ouvriers, on les appelle à leur métier quand leur tour est venu, et ainsi on évite presque toute perte de temps.

M. D... (de Tourcoing) partage l'avis de M. C... ; on peut sans difficulté obliger l'ouvrier à assister au contrôle de son travail. Il pense aussi, comme l'auteur de la lettre au *Journal de Roubaix*, que l'on doit rendre cette assistance obligatoire.

Quand nous recevons de l'argent, dit-il, nous avons soin de le compter, et celui qui nous le remet ne se plaint pas de notre contrôle comme d'une marque de défiance. Nous n'avons pas davantage à reprocher un sentiment de défiance aux ouvriers s'ils veulent se rendre compte par eux-mêmes de la quantité de leur travail.

M. B... — Le mesurage des pièces dans les tissages de toile demande plus de temps que dans les tissages de laine ; la pièce doit être passée à la tondeuse, puis calandrée ; ces deux opérations se font entre la visite de la pièce et son mesurage, de telle sorte que, si l'ouvrier était tenu d'assister à la visite et au mesurage, il serait dérangé deux fois de son travail.

M. C... — On pourrait modifier cette organisation et faire que le mesurage suive immédiatement la visite des pièces. Je regarde comme très important de couper court à toute suspicion de la part des ouvriers.

Il y a une autre raison qui ne manque pas de valeur, c'est qu'en introduisant l'usage de l'assistance obligatoire de l'ouvrier au mesurage et au pesage de son travail, on amènera d'autres usines à admettre cet usage et qu'ainsi on supprimera certaines pratiques qui font aux industriels honnêtes une concurrence déloyale.

M. B... — Jusqu'à présent, à Armentières, les ouvriers ne paraissent pas désirer d'être témoins de la vérification de leur travail. Conviendrait-il de les y obliger ?

M. E... (de Tourcoing). — A Tourcoing même, quand j'ai voulu imposer à mes ouvriers l'assistance au contrôle de leur travail, ils s'y sont refusés.

MM. F... et G... (d'Armentières) constatent qu'il règne encore entre ouvriers et patrons, à Armentières, une confiance mutuelle qu'on risquerait d'amoindrir en prenant cette mesure (1).

M. F... fait observer de plus que la longue habitude qu'ont les ouvriers de connaître la quantité de leur travail la leur fait apprécier avec une approximation très grande avant même qu'ils l'apportent au contrôle ; aussi n'ont-ils guère d'intérêt à être témoins de ce contrôle.

M. G... — Nos usages particuliers constituent un obstacle de plus à la mesure demandée. Le salaire est payé à la fin de la semaine ; or, c'est le jeudi et le vendredi que la production est plus grande, et le contrôle doit se faire sans perdre de temps si l'on ne veut pas remettre à la semaine suivante le paiement du salaire.

M. C... — Je suis heureux que l'harmonie entre patrons et ouvriers soit encore si vivace à Armentières ; il ne faut assurément rien faire qui puisse y porter atteinte. Mais je crois que les difficultés techniques que l'on a exposées pourraient être facilement résolues, le jour où l'on verrait utilité à le faire, et, en thèse générale, je pense qu'il vaut mieux prévenir les conflits en prenant, de sa propre initiative, de sages mesures, plutôt que d'être réduit à se les voir imposer ensuite.

M. H... — Les syndicats socialistes sont saisis de la

---

(1) Il n'est pas indifférent d'observer que cet optimisme des industriels d'Armentières se manifestait en fin 1899, c'est-à-dire moins de quatre ans avant le terrible mouvement gréviste qui désola la ville et la région d'Armentières, et révéla une exaspération profonde des ouvriers.

question et il me paraît bien improbable que leurs revendications sur ce point ne se fassent pas bientôt entendre dans tous les centres du Nord.

M. B... — Notre règlement reconnaît explicitement le droit incontestable des ouvriers à assister à la vérification de leur travail. Cela ne suffit-il pas comme formule générale ?

M. I... (de Roubaix). — Pourquoi, au lieu de dire : « L'ouvrier, *s'il le demande*, sera admis, etc. », ne pas dire simplement : « Les ouvriers *pourront* assister, etc. » ? Cela conserverait une formule générale que l'on pourrait modifier, dans certaines usines, en disant : « Les ouvriers *devront* assister, etc. ».

M. A... — Cette proposition donne satisfaction à tout le monde. Il ne s'agit, d'ailleurs, pour le moment, que d'une rédaction provisoire ; le texte du règlement ne deviendra définitif qu'après une seconde lecture.

La proposition, mise aux voix, est adoptée.

Le troisième paragraphe de l'article 6 (*Paiement du salaire*) est donc ainsi modifié :

« *Les ouvriers pourront assister au mesurage ou au pesage de leur travail.* »

. . . .

Séance du 4 mai 1900

DEUXIÈME DÉLIBÉRATION

. . . .

L'article 6 dit ensuite : « Les ouvriers peuvent assister au mesurage et au pesage de leur travail. »

M. J... (de Roubaix) demande que l'on substitue le mot *doivent* au mot *peuvent*. Les ouvriers ont le droit incontestable d'assister à la vérification de leur travail ; dire qu'ils le *peuvent* serait simplement constater qu'on ne met pas obstacle à l'exercice de leur droit ; ce n'est pas assez, il faut qu'on en favorise positivement l'exercice, sinon, en cas de conflit, les ouvriers ne manqueraient pas de prétendre qu'ils n'ont pas eu, de fait, la liberté d'assister au mesurage ou au pesage de leur travail.

M. A... rappelle que le mot « peuvent » n'a été adopté que pour ne pas troubler les usages reçus à Armentières ; rien n'empêcherait les patrons qui jugeraient plus prudent de conserver ce mot de le substituer au mot « doivent », si celui-ci était préféré dans la formule générale.

La réunion, consultée, décide que l'on dira : « Les ouvriers *doivent* assister au mesurage et au pesage de leur travail. »

N. B. — C'est sous cette forme dernière que le règlement-type d'atelier figura à l'Exposition universelle de 1900 (Classe 105. — *Sécurité des Ateliers.* — *Réglementation du travail*) et qu'il lui fut décerné une *médaille d'argent*.

ANNEXE N° 11

LÉGISLATION BELGE

A.) — Loi du 16 août 1887

Concernant le paiement des salaires aux ouvriers
(Complétée par la loi du 17 juin 1896)

. . . .

ART. 10 *bis*

Nonobstant toute convention contraire, l'ouvrier a toujours le droit de contrôler les mesurages, pesées ou toutes autres opérations quelconques qui ont pour but de déterminer la quantité ou la qualité d'ouvrage par lui fourni et ainsi de fixer le montant du salaire.

Quiconque aura entravé l'ouvrier dans l'exercice de ce contrôle sera puni conformément à l'alinéa 1er de l'article 10 (amende de 50 à 2,000 francs).

Toute action du chef de cette infraction sera prescrite par six mois.

B.) — Loi du 15 juin 1896

Sur les règlements d'atelier

. . . .

ART. 2

Le règlement d'atelier doit indiquer, dans la mesure que comporte la nature de l'entreprise :

. . . .

2° La manière dont le salaire est déterminé, et notamment si l'ouvrier est rétribué à l'heure, à la journée, à la tâche ou à l'entreprise ;

3° Lorsque l'ouvrier est rétribué à la tâche ou à l'entreprise, le mode de mesurage et de contrôle ; (1).

---

(1) Différentes objections pratiques avaient été formu'ées par les industriels, lors du dépôt du projet du gouvernement, contre les prescriptions du 3° de l'article 2.

Les mesurages, disaient-ils notamment, étaient impossibles à faire exactement, dans certaines filatures de Verviers : il en était de même dans les charbonnages relativement au mesurage et au contrôle des berlaines. On sait, en effet, que, depuis un temps immémorial, le salaire de l'ouvrier abatteur se calcule d'après le nombre de berlaines amenées au jour et d'après la nature du travail produit. Il faut constater si le charbon est propre, s'il ne contient pas trop de pierres d'après l'usage admis. Tels sont les éléments du salaire. Les ouvriers du fond seraient-ils dorénavant, se demandait-on, obligés de remonter à la surface pour faire le calcul dont il s'agit ou bien le contrôle serait-il organisé dans la fosse elle-même et dans les galeries intérieures, ce qui n'était guère possible ?

Répondant à ces objections, M. Woeste a dit à la Chambre qu'à son avis, un mesurage approximatif était toujours possible et qu'il fallait tenir compte de ce qu'il avait dit précédemment des cas de nécessité, et, quant aux charbonnages, que les ouvriers de la surface qui contrôlent les berlaines devaient évidemment être considérés comme les mandataires de leurs camarades du fond

On avait également dit que la disposition du 3° de l'article 2 était incompatible avec la loi complétant celle du 16 août 1887, portant réglementation du payement des salaires aux ouvriers. Cette loi nouvelle est ainsi conçue : « *Article 10 bis* : Nonobstant toute convention contraire, l'ouvrier a *toujours* le droit de

C.). — Loi du 30 juillet 1901

réglementant le mesurage du travail des ouvriers

ARTICLE PREMIER

Lorsqu'il est fait usage, pour mesurer le travail des ouvriers en vue de déterminer leur salaire, soit de poids, soit de mesures de longueur, de surface, de capacité ou de solidité, il est interdit de se servir d'unités de poids ou de mesure autres que celles établies par la loi du 1er octobre 1855.

ART. 2

Les instruments de mesure légaux dont il est fait usage dans le but indiqué ci-dessus sont vérifiés et poinçonnés conformément à ladite loi.

---

contrôler les mesurages, pesées ou toutes autres opérations quelconques qui ont pour but de déterminer la quantité ou la qualité d'ouvrage par lui fourni, et ainsi de fixer le montant du salaire.

« Quiconque aura entravé l'ouvrier dans l'exercice de ce contrôle sera puni conformément à l'alinéa 1er de l'article 10. »

A cette objection, M. Woeste a répondu à la Chambre : « Sans doute il est dit dans la loi nouvelle que l'ouvrier a *toujours* le droit de contrôler les mesurages et les pesées ; mais cela veut-il dire qu'il ait le droit d'exercer ce contrôle pendant toute la journée et à toute heure du jour ? Ce serait manifestement une interprétation irrationnelle. Ce que nous avons voulu par cette loi, c'est que l'ouvrier pût exiger que tout ouvrage fût mesuré ; mais de là ne suit pas que l'ouvrage ne doive pas être mesuré *suivant le mode* qui sera déterminé par le règlement d'atelier. En d'autres termes, la loi déjà votée pose le principe, la loi que nous discutons en règle l'application. Il n'y a donc pas de contradiction entre elles. »

Au Sénat enfin, M. Nyssens a dit d'une façon générale, pour justifier la disposition du n° 3 de l'article 2 : « Il est utile et nécessaire que le règlement s'explique sur la manière dont le salaire est déterminé et sur le mode de mesurage et de contrôle. Lorsque l'ouvrier est rétribué à la tâche ou à l'entreprise, la question de contrôle du mesurage a une grande importance. L'honorable M. Dupont, dans son rapport sur le projet de loi relatif au contrôle de la fixation des salaires, s'ap-

Art. 3

Le gouvernement est autorisé, en vue de la détermination du salaire des ouvriers :

1° A interdire, dans des industries déterminées, l'emploi d'unités de compte qui ne seraient point basées sur le système métrique ;

2° A prescrire la vérification et le poinçonnage d'appareils de mesure autres que les instruments mentionnés à l'article 2 ;

3° A imposer, pour des industries déterminées, l'emploi d'appareils spéciaux de mesurage.

Des arrêtés royaux décréteront le mode de vérification des appareils visés aux 2° et 3° du présent article, ainsi que les conditions auxquelles ils devront satisfaire.

Art. 4

Le gouvernement ne peut exercer les pouvoirs déterminés au 1er alinéa de l'article 3 qu'après avoir pris l'avis des sections compétentes des conseils de l'industrie et du travail.

Ces collèges transmettront leur avis dans les deux mois de la demande qui leur en sera faite ; à défaut de quoi, il sera passé outre.

---

puie, en effet, sur la disposition de l'article 2 du projet que nous discutons pour expliquer cette autre loi nouvelle. Celle-ci consacre le principe du droit au contrôle ; nous en réglons ici l'application, et les juges trouveront précisément dans notre article 2 une base d'appréciation quant au point de savoir s'il y a ou non infraction aux dispositions établissant le droit de contrôle.

Quels sont les moyens de contrôle? Ils dépendent de la nature de l'entreprise. Il y a telles entreprises où l'on pourra se borner à dire que l'ouvrier assistera aux mesurages. Mais il y a des industries où l'ouvrier ne peut, pratiquement, exercer lui-même le contrôle : ainsi, dans les houillères, l'ouvrier reste au fond, alors que la berlaine est remontée et vidée à la surface. Il y aura donc des dispositions spéciales à prendre dans le règlement d'atelier ; on dira, par exemple, que les ouvriers délégueront un mandataire pour assister au mesurage des berlaines ». (Extrait du *Commentaire législatif* de la loi du *15 juin 1896*, par Th. Théate, avocat).

ART. 5

Les vérificateurs des poids et mesures sont chargés de la vérification et du poinçonnage des instruments visés aux articles qui précèdent.

ART. 6

Les délégués du gouvernement pour l'inspection du travail et les vérificateurs des poids et mesures sont chargés de surveiller l'exécution de la présente loi.

Ils ont la libre entrée des locaux où l'on emploie des appareils soumis aux dispositions qui précèdent.

Ils constatent les infractions par des procès-verbaux faisant foi jusqu'à preuve contraire. Une copie du procès-verbal doit être remise au contrevenant, dans les quarante-huit heures, à peine de nullité.

ART. 7

Les chefs d'industrie, patrons, propriétaires, directeurs ou gérants, qui auront mis obstacle à la surveillance organisée en vertu de la présente loi, seront punis d'une amende de 26 à 100 francs, sans préjudice, s'il y a lieu, de l'application des peines établies par les articles 269 à 274 du Code pénal.

En cas de récidive dans les douze mois à partir de la condamnation antérieure, la peine sera doublée.

ART. 8

La répression des infractions à la présente loi et aux arrêtés qui en règlent l'exécution aura lieu conformément aux articles 10 et 11 de la loi du 16 août 1887, portant réglementation du payement des salaires aux ouvriers.

ART. 0

Seront saisis par les vérificateurs et seront confisqués et brisés les faux poids, fausses mesures et faux appareils quelconques de pesage ou de mesurage, ainsi que les poids, mesures et appareils non conformes à la présente loi.

ART. 10

Seront saisis par les agents de vérification ou de surveillance et restitués après jugement les instruments qui ne présenteraient d'autres irrégularités que d'être dépourvus des empreintes de la vérification.

ART. 11

La présente loi ne concerne pas les appareils destinés aux opérations ayant pour but de déterminer le montant du salaire des ouvriers auxquels la loi du 16 août 1887 n'est pas applicable.

ART. 12

Un arrêté royal fixera la date de la mise en vigueur de la présente loi.

D.) — Arrêté royal du 28 octobre 1901

ARTICLE PREMIER

La loi du 30 juillet 1901 entrera en vigueur à partir du 1er janvier 1902.

ART. 2

Les vérifications périodiques des instruments de mesure légaux, dont il est fait usage pour mesurer le travail des ouvriers en vue de déterminer leur salaire, seront comprises parmi les opérations qui se rattachent à la vérification périodique des poids et mesures à laquelle les vérificateurs doivent procéder, en exécution d'arrêtés pris par les députations permanentes des conseils provinciaux.

E.) — Arrêté royal du 1er octobre 1903

ARTICLE PREMIER

L'emploi d'un compteur automatique est obligatoire dans l'industrie du tissage lorsque l'unité servant à fixer le salaire des ouvriers consiste dans un nombre déterminé de duites.

Il ne pourra être fait usage que de compte-duites appartenant à un système préalablement approuvé par décision ministérielle.

Ces appareils indiqueront, en tout cas, par une marque spéciale, le nombre de duites adopté comme unité servant à fixer le salaire.

Ils devront porter, d'une manière lisible et indélébile, le nom ou la marque du constructeur ou du vendeur.

ART. 2

Dans l'industrie du tissage, l'emploi d'une longueur de chaîne ourdie (pièce, enseigne), comme unité de compte servant à déterminer le salaire des ouvriers, est interdit.

ART. 3

La répression des infractions au présent arrêté aura lieu conformément aux articles 10 et 11 de la loi du 16 août 1887, portant réglementation du payement des salaires aux ouvriers.

ART. 4

Le présent arrêté entrera en vigueur à partir du 1er janvier 1904.

F.) — Arrêté royal du 16 juillet 1905

ARTICLE PREMIER

Dans l'industrie du tissage, l'emploi de la pièce tissée et de l'écheveau comme unités de compte servant à déterminer le salaire des ouvriers est interdit.

ART. 2

Le présent arrêté entrera en vigueur le 1er septembre 1905.

ANNEXE N° 12

LÉGISLATION ANGLAISE

A.) — Loi du 17 août 1901

Codifiant et amendant les lois sur les fabriques et ateliers

. . . .

VII° PARTIE. — DÉTERMINATION DU TRAVAIL ET DES SALAIRES

116 (1). — Dans les fabriques textiles, les occupants devront, afin de permettre aux ouvriers rétribués à la pièce de calculer le montant total des salaires qui leur sont dus pour le travail qu'ils ont effectué, faire publier le tarif des salaires qui leur reviennent pour le travail qu'ils exécutent, ainsi que les particularités du travail auquel ce tarif est applicable, à savoir :

a) S'il s'agit de tisseurs de laine cardée ou de laine peignée, à l'exception de la bonneterie, le tarif des salaires applicables au travail effectué par les tisseurs leur sera remis par écrit en même temps que l'ouvrage leur sera délivré, et il sera également publié dans une affiche qui ne s'occupera d'aucune autre matière et qui sera apposée en un endroit d'où elle peut être lue facilement ;

b) S'il s'agit de tisseurs de l'industrie du coton, le tarif des salaires applicable au travail à effectuer par eux leur sera remis par écrit en même temps que l'ouvrage leur est délivré, et la base et les conditions d'après lesquelles les prix sont réglés et fixés seront aussi publiées dans chaque salle au moyen d'une affiche qui ne s'occupera d'aucune autre matière et qui sera apposée en un endroit d'où elle peut être lue facilement ;

c) S'il s'agit d'autres ouvriers, le tarif des salaires applicable au travail à effectuer par eux leur sera remis par écrit en même temps que l'ouvrage leur est délivré.

Toutefois, si le même tarif est applicable au travail effectué par tous les ouvriers d'une même salle, il suffira de le publier dans celle-ci au moyen d'une affiche qui ne s'occupera d'aucune autre matière et qui sera apposée en un endroit d'où elle peut être lue facilement ;

d) Les particularités du travail à effectuer par les ouvriers, qui sont de nature à influer sur le montant des salaires qui doivent leur être payés, devront (sauf dans la mesure où elles peuvent être constatées par un compteur automatique) leur être remises par écrit au moment où l'ouvrage leur est délivré ;

e) Les particularités relatives au taux des salaires ou au travail ne pourront être exprimées au moyen de signes ;

f) S'il est fait usage d'un compteur automatique, le cadre de celui-ci devra indiquer le nombre des dents de chaque roue et le diamètre de l'arbre de commande ; toutefois, s'il s'agit de machines à filer, il devra indiquer le nombre de broches et la longueur des chariots mobiles de la machine au lieu du diamètre de l'arbre de commande ;

g) Si les particularités du travail à effectuer par les ouvriers, en tant qu'elles affectent le montant des salaires auxquels ils ont droit, sont constatées par un compteur automatique et si une affiche contenant le tarif des salaires est apposée dans chaque salle, en vertu d'un accord entre employeurs et ouvriers et en conformité avec les prescriptions de la présente section, cet affichage constituera une observation suffisante de la présente section.

(2). — Les occupants qui négligent de se conformer aux prescriptions de la présente section ou qui font frauduleusement usage de compteurs faux pour constater les particularités ou le montant du travail payé à la pièce, ou les ouvriers qui modifient frauduleusement un compteur automatique seront, selon les cas, passibles, pour chaque infraction, d'une amende de dix livres au maximum ; et, en cas de récidive dans les deux années consécutives à la dernière condamnation, à une amende d'une livre au moins pour cette nouvelle infraction.

Toutefois, les compteurs ne sont pas considérés comme faux s'ils répondent aux prescriptions de la présente section.

(3). — Celui qui, engagé comme ouvrier dans une fabrique, révèle, en vue de faire connaître un secret industriel, les particularités qui lui ont été communiquées, sans distinguer si elles lui ont été fournies à lui directement ou à un de ses compagnons, sera passible d'une amende de dix livres au maximun.

(4). — Celui qui, dans le but de surprendre ou de divulguer un secret industriel, engage ou pousse une personne engagée comme ouvrier dans une fabrique à révéler des particularités de cette espèce, ou qui, dans ce but, paye ou rémunère une telle personne, ou fait payer ou rémunérer une telle personne pour révéler des particularités, sera passible d'une amende de dix livres au maximum.

(5). — Le secrétaire d'Etat peut, après s'être convaincu, sur le rapport d'un inspecteur, que les dispositions de la présente section sont applicables à une catégorie de fabriques non textiles ou à une catégorie d'ateliers, appliquer, s'il le juge utile, par ordonnance spéciale, les dispositions de la présente section à cette catégorie d'établissements avec les modifications qu'il juge nécessaires pour les adapter aux circonstances du cas. Il peut aussi, par une ordonnance de même nature, appliquer ces dispositions, avec les modifications qu'il juge nécessaires pour les adapter aux circonstances du cas, à certaines catégories de personnes ; il pourra être exigé que des listes de ces dernières soient tenues conformément aux dispositions de la présente loi relatives aux ouvriers à domicile et aux employeurs de ceux-ci.

117. — Les lois sur les poids et les mesures actuellement en vigueur s'étendront aux poids, mesures, balances et bascules de tous genres dont il est fait usage dans les fabriques ou ateliers pour contrôler ou déterminer les salaires des personnes y occupées de la même manière que si elles étaient employées pour la vente des marchandises et que ces établissements fussent des magasins ; ces lois seront appliquées en conséquence et les

inspecteurs des poids et mesures ou les autres personnes autorisées à inspecter ou à examiner les poids et mesures, inspecteront, poinçonneront, marqueront, éprouveront et examineront les poids et mesures, balances et bascules de tous genres, et, dans ce but, ils auront les mêmes droits et pouvoirs qu'ils possèdent en ce qui concerne les poids, mesures, balances et bascules de tous genres dont il est fait usage pour la vente des marchandises.

B.) Ordonnance ministérielle du 14 juillet 1902 appliquant les dispositions de la section 116 de la loi de 1901, avec certaines modifications, aux fabriques et ateliers où il est procédé à la *fabrication des câbles de fer et d'acier, d'ancres, de grappins et de harnais*.

C.) — Ordonnance ministérielle du 14 juillet 1902 opérant la même extension aux fabriques et ateliers où *se fabriquent les serrures, loquets et clefs*.

D.) — Ordonnance ministérielle du 5 janvier 1903 opérant la même extension à la *confection en gros d'objets d'habillement*.

E.) — Ordonnance ministérielle du 22 avril 1903 opérant la même extension à la *fabrication des chapeaux de feutre*.

F.) — Ordonnance ministérielle du 17 décembre 1903 opérant la même extension à la *fabrication d'objets d'habillement*, c'est-à-dire : fabrication, modification, garnissage, finissage et réparations d'objets d'habillement autres que bottes et souliers, et tous travaux se rattachant aux précédents (sauf la confection en gros et la fabrication des chapeaux de feutre).

G). — Notice

C'est en 1891 que la loi anglaise des fabriques contint, pour la première fois, une disposition enjoignant aux employeurs des industries textiles (coton, laine, lin, jute) de mettre entre les mains de leur personnel des tarifs leur permettant, pour chaque ouvrage, de se rendre un compte exact des conditions d'exécution et de rémunération du travail qui leur était confié.

Cette disposition n'ayant pas obtenu le résultat qu'on en attendait, la loi de 1895 revint à la charge ; elle entra dans beaucoup plus de détails, traçant — pour ainsi dire — le modèle des divers tarifs et des énonciations qu'ils devaient contenir. Elle investit, en outre, le Home-Secretary du pouvoir d'édicter des dispositions analogues pour d'autres genres d'industries que les textiles.

Un corps spécial d'inspecteurs de fabriques fut constitué, dont l'unique fonction devait être de surveiller l'exacte application des prescriptions légales nouvelles.

En 1897, 1898, 1900, le Home-Secretary, usant du droit qui lui avait été conféré, étendait les prescriptions concernant les tarifs de travail à toute une série d'industries diverses : industrie du cuir, certaines branches de la métallurgie, fabrication des chapeaux de feutre, fabrication de plumes, confection en gros, articles de blanc, etc., etc.

Puis, vint la loi des fabriques de 1901 qui contint encore de nouvelles précisions et fut suivie des ordonnances ministérielles reproduites plus haut, ordonnances que de nouvelles extensions du même régime réglementaire viennent compléter tous les jours.

En somme, la législation anglaise, sur ce point spécial, a pris un développement considérable et a obtenu des résultats très importants sans susciter aucune opposition un peu vive. On peut considérer que cela tient, d'abord, à ce que le régime réglementaire anglais, inauguré en faveur d'une branche industrielle bien délimitée et particulièrement bien organisée, n'a été étendu, ensuite, à d'autres spécialités industrielles qu'avec beaucoup de prudence et de précautions et en observant, autant que possible, cette double règle, à savoir que cette extension n'était faite qu'à des industries où, premièrement, s'étaient produits des abus manifestes, et où, deuxièmement, quelques gros entrepreneurs avaient déjà introduit volontairement, à titre d'essai, ce régime réglementaire dans leurs rapports avec ceux qu'ils faisaient travailler.

Cela tient encore au tact et à la modération avec

lesquels l'application de la loi a été demandée et ses sanctions poursuivies par les inspecteurs spéciaux créés à cet effet.

L'administration a eu la chance de mettre la main, pour organiser ce service délicat, sur un homme du plus haut mérite, sur un véritable professionnel : M. Birtwistle, un vétéran du Trade-Unionisme, qui avait consacré sa vie entière à l'amélioration de la condition des travailleurs des textiles et qui a su mener sa mission au mieux des intérêts de tous.

A l'heure actuelle, les prescriptions légales concernant les tarifs de travail intéressent un nombre très étendu de fabriques, de chantiers et d'ateliers, tant collectifs que domestiques ; et, bien que de rares pénalités soient appliquées, les résultats obtenus en faveur des travailleurs sont des plus appréciables. C'est ainsi que, si l'on s'en réfère au rapport de l'Inspection pour 1902, un seul employeur aurait été amené à restituer aux tisseurs qui travaillaient pour lui près de 2,500 francs dont il les avait indûment frustrés au cours d'un trimestre.

ANNEXE N° 13

LÉGISLATION ALLEMANDE

A.) — Loi du 30 juin 1900, modifiant le Code Industriel

. . . .

§ 114 *a.* — En ce qui concerne des industries déterminées, le Conseil fédéral peut prescrire l'emploi de livrets de salaires ou de bulletins de travail. L'employeur ou son représentant autorisé y inscrira :

1° La nature et l'étendue du travail à exécuter et, lorsque le travail est fait à la pièce, le nombre des pièces ;

2° Le taux des salaires ;

3° Les conditions relatives à la fourniture d'outils et de matériaux en vue des travaux à exécuter.

. . . .

Le livret de salaires où le bulletin de travail doit être fourni par l'employeur à ses frais et remis gratuitement à l'ouvrier, après insertion des indications prescrites, avant que le travail lui soit confié ou au moment où on l'en charge.....

B.) — **Ordonnance du Conseil fédéral du 9 décembre 1902**

Imposant des livrets de salaires dans l'industrie
de la confection d'objets d'habillement et de lingerie

En vertu du paragraphe 114 *a* du Code industriel, le Conseil fédéral a arrêté ce qui suit :

Dans les établissements où on se livre à la fabrication ou au façonnement en gros d'objets d'habillement pour hommes ou garçons (vestons, pantalons, gilets, pardessus, etc.); pour femmes et enfants (manteaux, robes, mantilles, etc.) ou d'objets de lingerie en tissu, blancs ou de couleur — industrie du vêtement et de la lingerie — la tenue des livrets de salaires est prescrite à partir du 1er avril 1903.

Les livrets de salaires mentionneront aussi les conditions de l'allocation de la nourriture et du logement, dans les cas où la nourriture et le logement représentent une partie du salaire.

C.) — **Observations**

Cette ébauche de législation allemande sur le contrôle du travail à la tâche n'a donné encore que de très médiocres résultats.

Les personnes informées en donnent les motifs suivants : Alors que la législation anglaise est partie d'une des industries en ateliers les plus anciennes et les mieux ordonnées : les textiles, industrie où se rencontrent, d'ailleurs, les plus solides organisations professionnelles, tant patronales qu'ouvrières, et qu'elle n'a progressé ensuite que très lentement et très prudemment, s'avançant d'un terrain connu sur des terrains plus difficiles, la législation allemande a prétendu s'établir de plain pied dans un des compartiments les plus obscurs et les plus chaotiques de la production industrielle : le travail à domicile de la confection et du blanc.

Les prescriptions anglaises sont, en outre, beaucoup plus minutieuses, entrent dans beaucoup plus de détails techniques que les prescriptions allemandes ; les amendes prévues par la loi anglaise sont aussi beaucoup plus élevées que celles édictées par la loi allemande : 250 francs, au lieu de 25 francs. Enfin et surtout, l'observation des dispositions anglaises concernant les tarifs est surveillée de très près par un corps spécial d'inspecteurs appropriés, tandis qu'il n'est pour ainsi dire pas pourvu, en Allemagne, à la vérification de la tenue des livrets de salaires.

TABLE DES MATIÈRES

Orléans. — Imp. Auguste GOUT & Cⁱᵉ.

ASSOCIATION INTERNATIONALE

POUR

LA PROTECTION LÉGALE DES TRAVAILLEURS

2, Rebgasse, Bâle (Suisse)

Liste des ouvrages publiés depuis sa constitution

Compte rendu de l'Assemblée constitutive tenue à Bâle les 27 et 28 septembre 1901. — 1 vol., 270 p., Paris, LE SOUDIER, éditeur.

Compte rendu de la 2e Assemblée générale du Comité de l'Association internationale tenue à Cologne les 26 et 27 septembre 1902. — 1 vol., 82 p., Paris, LE SOUDIER, éditeur.

Les industries insalubres. — 1 vol., 460 p., Paris, 1903, LE SOUDIER, éditeur.

Le travail de nuit des femmes dans l'industrie. — 1 vol., 384 p., Paris, 1903, LE SOUDIER, éditeur.

Bulletin de l'Office international du travail (tome I, année 1902; tome II, année 1903). — Paris, LE SOUDIER, éditeur.

(Paraît à partir de 1904 chez BERGER-LEVRAULT, *Nancy et Paris)*

www.ingramcontent.com/pod-product-compliance
Ingram Content Group UK Ltd.
Pitfield, Milton Keynes, MK11 3LW, UK
UKHW020928120726
13693UKWH00003B/1205